Kathrin Pabst

Briefe an den Kaiser

Verlag Boyens & Co.

Dank für vielfältige Mitarbeit bei der Erschließung der Quellen an Hermann Bolle, Wennbüttel

ISBN 3-8042-1003-1

Herstellung: Boyens Offset, Heide
Printed in Germany

Inhalt

Vorwort

Im März 1998 war es an der Zeit aufzugeben. Monatelang hatte ich versucht, handschriftliche Aufzeichnungen aus dem 19. Jahrhundert zu finden, die von einer „einfachen" Frau verfaßt sein und Aufschlüsse über ihr Leben geben sollten. Ich war in Archiven gewesen, war zahlreichen mündlichen und schriftlichen Hinweisen nachgegangen und hatte dennoch nichts erreicht. Es gab Tagebücher über das wirtschaftliche Leben auf einem Hof, Briefe einer Professorenfrau aus Kiel und Aufzeichnungen über die Unterstützungen, die eine reiche Witwe vor 150 Jahren ihren Mitmenschen zukommen ließ. Aber kein Tagebuch einer Magd oder Landarbeiterin, das ich für meine Magisterarbeit hätte auswerten können. Da mir von vornherein klar gewesen war, daß ich ziemlich viel Glück gebraucht hätte, um eines dieser seltenen Exemplare zu entdecken, fand ich mich also mit dem Mißerfolg ab und beschloß, ein Semester „Auszeit" in Norwegen zu nehmen. Durch eine Fehlbesetzung der Kabinen auf der Color Line, dem Schiff, das mich nach Norwegen bringen sollte, lernte ich Frau Lotte Bolle aus Wennbüttel/Kreis Dithmarschen kennen und kam mit ihr ins Gespräch. Und dabei erwähnte sie einige Briefe, die sich im Besitz ihres Mannes befänden und die von einer Landarbeiterin aus Jützbüttel/Süderdithmarschen um die Jahrhundertwende herum an den Kaiser nach Berlin geschickt worden waren. Diese Briefe würden Auskunft geben über das Leben dieser „einfachen" Frau an der Schwelle zum 20. Jahrhundert.

Im August 1999 konnte ich dann doch noch meine Magisterarbeit im Fach Volkskunde an der Christian-Albrechts-Universität in Kiel abgeben, der genaue Titel lautet: „Briefe an den Kaiser – Annäherungen an die subjektive Wahrnehmung einer dörflichen Lebenswelt in Schleswig-Holstein am Anfang des 20. Jahrhunderts". Dieses Buch nun basiert auf dieser Magisterarbeit – mit wenigen Veränderungen: Die Themenblöcke sind etwas umgestellt worden; der Theorieteil, die Literaturangaben und die über 650 Fußnoten wurden sehr gekürzt[1].

Natürlich wären weder die Magisterarbeit noch dieses Buch ohne die Hilfe einiger Personen zustande gekommen. Mein ganz besonderer Dank gilt Lotte und Hermann Bolle aus Wennbüttel. Ich habe viele Tage in ihrem gastfreundlichen Haus verbringen dürfen, an denen ich – gestärkt durch wirklich gute Mittagessen – immer wieder von den umfangreichen Orts- und Sachkenntnissen von Herrn Hermann Bolle profitieren konnte. Ohne seine zahlreichen Hinweise und Ideen hätte diese Arbeit nicht so detailliert und ausführlich werden können. Des weiteren gilt mein Dank natürlich meinen Professoren und Dozenten, namentlich Frau Prof. Dr. Silke Göttsch, Herrn Prof. Dr. Andreas Schmidt und Herrn Dr. Nils Hansen, für ihre Hilfe und ihre Verbesserungsvorschläge. Ein „Danke" auch an das Dithmarscher Landesmuseum – und insbesondere Herrn Dr. Wolf Könenkamp – für immaterielle Anregungen und eine materielle Zuwendung.

Schließlich und endlich hat es jedoch nur einer möglich gemacht, daß ich während der neun Monate im Jahr 1999, die Anfang November zu meiner Abschlußprüfung und Mitte November zur Geburt unseres Sohnes Jos Louis führten, nicht die Nerven verloren habe. Für das Aushalten all meiner Launen, gefühlsmäßiger Hochs und Tiefs und die bedingungslose Unterstützung gilt mein tiefster Dank meinem Mann Johannes.

Norwegen, im Oktober 2000

Einleitung

Im Verlauf meines Volkskunde-Studiums kristallisierte sich ein besonderes Interesse immer mehr heraus: die Beschäftigung mit handschriftlichen Quellen, die von einer Privatperson verfaßt wurden und aus denen sich Rückschlüsse auf deren individuelle Lebensumstände und Gedanken ziehen ließen. Hierbei interessierten mich am meisten die subjektiven Empfindungen einer Frau, die aus den unteren Gesellschaftsschichten stammte und die Veränderungen des 19. Jahrhunderts im ländlichen Raum Schleswig-Holsteins miterlebt hatte. Die Aufzeichnungen sollten möglichst unmittelbar nach dem „Erleben" aufgeschrieben worden sein; im Idealfall ein Tagebuch, das tägliche Aufzeichnungen und persönliche Kommentare zum Tagesgeschehen enthielt.

Bei meiner Suche nach geeignetem Material bestätigte sich, was ich eigentlich schon während des Studiums gelernt hatte: Frauen, die regelmäßig schrieben, stammten meist aus dem Bürgertum oder waren Bäuerinnen, die wirtschaftliche Faktoren und Ereignisse festhielten. Tagelöhnerinnen, Arbeiterinnen oder Mägde hatten im allgemeinen weder Zeit noch Möglichkeit, ihre persönlichen Erlebnisse niederzuschreiben[2].

Generell galt das Interesse an autobiographischen Quellen bis in dieses Jahrhundert hinein nahezu ausschließlich den privaten Schriftstücken bedeutender Personen – fast ausschließlich Männern –; zudem wurde die Sammlung und Archivierung auch solcher Quellen erst Ende des 19. Jahrhunderts verstärkt. Die Hinwendung zu den persönlichen Aufzeichnungen der unteren und mittleren Gesellschaftsschichten fand erst im Rahmen der jüngeren Biographie- und Alltagsforschung und im Zusammenhang mit Fragen nach Mentalität, Identitätsbildung und subjektiver Wahrnehmung gerade der „kleinen Leute" statt. Obwohl diese privaten Aufzeichnungen tatsächlich nur noch in sehr begrenzter Anzahl erhalten geblieben sind – teils aus mangelndem Interesse der Forscher, teils aufgrund der schwierigen Zugänglichkeit solcher Quellen, die sich meist ungedruckt und unveröffentlicht in Privatbesitz befinden –, kann man daraus jedoch keine „Beinahe-Schriftlosigkeit des Volkes"[3] ableiten: „Selbsterzeugnisse" gibt es „in größerer Zahl (...) seit dem 16. Jahrhundert. Sie sind keineswegs nur in den gebildeten Oberschichten entstanden"[4]. Abgesehen von einer demnach unterschätzten Zahl von Ausnahmen hat sich die allgemeine Schreibfähigkeit erst im Verlauf des 19. Jahrhunderts durchgesetzt. Aufgrund der mangelhaften Schulverhältnisse – insbesondere auf dem Land – und der hohen Kosten für Bücher fiel der größte Teil der unteren Gesellschaftsschichten „bis weit über die Jahrhundertmitte als Leser, ganz gleich welcher Literatur, aus"[5]; dementsprechend schlecht ist die Schreibfähigkeit gewesen.

Durch Zufall nur hörte ich von etlichen unbearbeiteten Briefen, die die ehemalige Brotträgerin Antje Christine Wegner aus Dithmarschen Anfang des 20.

Das Medaillon stammt aus dem Besitz von Christine Wegner und hat das Foto ihrer Mutter Antje Wegner (S. 11) enthalten

Jahrhunderts an den „Kaiser und König" nach Berlin geschickt und in denen sie ihm in tagebuchähnlicher Manier von ihren täglichen Beobachtungen in einem kleinen Dorf berichtet hatte. Nach einigen Nachforschungen lagen mir schließlich insgesamt 66 Briefe bzw. Briefteile vor, die aus insgesamt 492 handgeschriebenen Seiten bestanden.

Antje Christine Wegner, 1853 in Albersdorf/Süderdithmarschen als Antje Christine Höhrmann geboren, diente seit ihrem 16. Lebensjahr auf verschiedenen Höfen. 1878 wurde ihre uneheliche Tochter geboren, die jedoch wenige Tage nach der Geburt starb – der Vater war unbekannt. Einige Monate später heiratete Antje Höhrmann den Landarbeiter Wilhelm Wegner und zog mit ihm nach Jützbüttel, einer kleinen Ortschaft bei Albersdorf, wo sie sich eine kleine Kate kauften und sich durch Mithilfe auf den örtlichen Höfen ernährten. Wahrscheinlich seit den späten 1880er Jahren arbeitete Antje Wegner schließlich als Brotträgerin und trug somit das von einem Bäcker gebackene Brot in den um Albersdorf gelegenen Dörfern aus. In diesen Jahren zog sie zudem ihre zwei Töchter Christine und Catharina auf, ihr jüngster Sohn Wilhelm starb zweijährig. Nachdem sie vermutlich schon immer kränklich gewesen war, konnte sie nach einer Lungenentzündung im Jahr 1900 ihrer Arbeit als Brotträgerin nicht mehr nachgehen und war seitdem an ihr Grundstück gefesselt. Spätestens seit 1905 und vermutlich bis zu ihrem Tod im Jahr 1914 schrieb sie regelmäßig an Kaiser Wilhelm II. nach Berlin. Gerade die Lebensdaten von Antje Wegner – 1853 bis 1914, also nahezu deckungsgleich mit den Jahrzehnten der Industrialisierung in Dithmarschen – und ihre besondere Situation als kranke Frau inmitten einer dörflichen, arbeitenden Gesellschaft machten die Quellen mehrfach interessant.

Die vorliegenden von Antje Wegner geschriebenen Briefe setzen sich aus folgenden Teilen zusammen: 33 Briefe bzw. Briefteile, adressiert an den Kaiser, wurden in den 60er Jahren aus der leerstehenden Kate der Wegners entnommen, ein großer, beidseitig beschriebener Papierbogen stammt ebenfalls aus der Hütte. Nachdem die Verfasserin 1914 und ihr Mann 1919 verstorben waren, lebte die ledige Tochter der Wegners allein in der Kate, bis sie in den 1960er Jahren ins Landeskrankenhaus Schleswig kam. Danach stand die Kate leer, bis sie in der Nacht zum 1. Mai 1972 abbrannte. In dieser Zeit nahmen sowohl der Enkel der Verfasserin als auch eine Nachbarin Briefkonvolute und alte Zeitungen aus der Hütte mit. Weitere 33 vollständige Briefe liegen heute im Landesarchiv Schleswig[6]: sie wurden aus Berlin – mit Vermerken versehen – nach Schleswig geschickt. Die 33 Brief(teile) aus der Kate der Wegners bestehen aus 25 vollständigen Briefen, wovon fünf identisch sind mit in Schleswig gefundenen Briefen, und acht Teilstücken – jeweils der erste oder zweite Teil eines Briefes, worunter wiederum zwei Kopien sind. Die Briefe sind ausschließlich von Antje Wegner verfaßt und an den Kaiser gerichtet; trotz einiger Bemerkungen in diesen Briefen über die (teils schriftliche) Reaktion der Obrigkeit sind solche Papiere nicht erhalten, so daß kein Briefwechsel vorliegt[7].

Antje Christine Wegner, um 1895

Jeder Brief besteht aus zwei Doppelbögen Papier und insgesamt acht Seiten; die Handschrift ist in der Regel sehr gleichmäßig und gut zu lesen. Der Aufbau ist immer der gleiche: der Anrede „Se. Majestät Kaiser u. König." folgen Berichte über die Ereignisse und Erlebnisse einzelner Tage; diese sind kalendarisch angeordnet und in der Regel durch einen Absatz voneinander getrennt. Den Abschluß stellen immer die Unterschriften „Frau Antje Christine Wegner, geb. Höhrmann" und „fr. Brotträgerin" dar, sowie der Hinweis „mit Forts.", in frühen Briefen des Konvoluts (1905) beginnt jeder Brief zudem mit einem kurzen Einleitungssatz und endet mit einer Schlußformel. Der Inhalt der Briefe behandelt zahlreiche Themen: u. a. die Lebensverhältnisse und das „Reisen" (in benachbarte Orte) der Dorfbewohnern, die Krankheit der Verfasserin, die sie seit Jahren ans Haus fesselt, sowie Unterhaltungen mit Nachbarn, „Waarenhändlern" oder ihrem Mann bzw. ihrer Tochter. Die meisten Informationen sind in wiedergegebene Gespräche eingebettet, wie „abends sagte mein Manne zu mir ..." oder „Hans Lemburg trat ein und fragte ...". Durch Nebenbemerkungen, Erinnerungen oder Fragen bzw. Antworten an den jeweiligen Gesprächspartner können zudem Rückschlüsse z. B. auf die Kindheit der Verfasserin, ihr Verhältnis zu Dorfbewohnern und Familienmitgliedern oder persönliche Werte gezogen werden. Im Verlauf der sieben Jahre von 1905 bis 1912 sind deutliche, inhaltliche Veränderungen festzustellen.

Die Datierung der Briefe und das Datum der behandelten Tage weichen im Laufe der Jahre zunehmend voneinander ab: Der erste, komplett vorliegende Brief stammt vom 26. Mai 1905 und behandelt den Zeitraum vom 17. bis 25. Mai des Jahres, der letzte Brief ist datiert mit 26. November 1913, behandelt aber den Zeitraum vom 6. bis 9. November 1910. Der große Papierbogen, der vermutlich zur Vorschrift gedient hat[8], gibt Auskunft über den Zeitraum vom 4. bis 28. Mai 1912. Zusammengefaßt liegen Aufzeichnungen von Mai 1905 bis Mai 1912 vor; der Schwerpunkt liegt auf tagtäglichen Aufzeichnungen aus dem Zeitraum Juni 1907 bis August 1908, allein aus dieser Zeit stammen 46 unterschiedliche Briefe.

Die zahlreichen Fragen, die durch die Briefe aufgeworfen werden, lassen sich grob in zwei Bereiche unterteilen. Auf der einen Seite stellt sich die Frage nach dem Leben der Landarbeiterin Antje Christine Wegner, so, wie sie es selbst wahrgenommen hat und wie sie es in ihren Briefen beschreibt. Auf der anderen Seite sind die Briefe als ein Kommunikationsmittel anzusehen, durch das bewußt Informationen an den Kaiser nach Berlin geschickt werden.

Bei der folgenden Darstellung dieser beiden Bereiche ist grundsätzlich zu bedenken, daß die meisten Informationen aus den Briefen der Antje Wegner selbst gewonnen werden. Das bedeutet, daß durch sie eine bestimmte Auswahl aus allen möglichen Informationen stattgefunden hat. Zudem macht der Untertitel der Magisterarbeit, auf der dieses Buch beruht und der „Annäherungen an die subjektive Wahrnehmung einer dörflichen Lebenswelt in Schleswig-Holstein am Anfang des 20. Jahrhunderts" heißt, deutlich, daß die Erfassung des Alltags, wie Antje Wegner ihn erlebt, nicht möglich ist, sondern bestenfalls eine „Annäherung" an ihre subjektive Wahrnehmung erfolgen kann. Diese Wahrnehmung ist in individuellen und lebenslangen Sozialisationsprozessen geprägt worden, in die wiederum die herrschenden sozialen, historischen und kulturellen Verhältnisse zu der entsprechenden Zeit und an den entsprechenden Orten einfließen. Der Forscher – aus einer anderen Zeit und mit einem anderen Hintergrund – muß die Quellen daher grundsätzlich als „unbegreifbar" bzw. fremd ansehen und sie nach streng wissenschaftlichen Kriterien auswerten. Dementsprechend lückenhaft und mehrfach subjektiv ist das Bild, das über das Leben von Antje Wegner „rekonstruiert" werden kann.

Zunächst soll versucht werden, anhand einer Inhaltsanalyse der Briefe die Wahrnehmungen der Verfasserin in bezug auf unterschiedliche Lebens- und Themenbereiche darzustellen. Hierbei soll es nicht darum gehen „eine wie auch immer zu ermittelnde Wahrheit vom Leben"[9] der Antje Wegner zu erarbeiten. Ausschließliches Ziel soll es sein, ihre persönliche Sichtweise wiederzugeben, wobei diese jedoch – wenn möglich – vor dem Hintergrund der sozialen und kulturellen Verhältnisse in ihrer direkten Umgebung dargestellt werden soll. In den Briefen finden sich zahlreiche Hinweise auf frühere Arbeitsorte und Erlebnisse sowie aktuelle Unterhaltungen oder Streitereien; mal die Verfasserin betreffend, mal in bezug auf andere Dorfbewohner. Es stellt sich also als erste Frage, was Antje Wegner in den 51 Jahren vor Beginn der vorliegenden Aufzeichnungen erlebt, und welche Vorkommnisse und Ereignisse aus dieser Zeit die beschriebenen Familienverhältnisse und Beziehungen zu den Dorfbewohnern prägen. Eine zentrale Rolle spielt die Frage nach dem Alltag der Verfasserin – insbesondere vor dem Hintergrund, daß sie krank ist und nicht arbeiten kann. Was bedeutet ihre Krankheit für sie und ihre Familie? Wie sieht ihr Alltag als kranke Frau aus, die nicht im üblichen Sinne an der Dorfgemeinschaft teilnehmen kann? Mit wem hat Antje Wegner besonderen Kontakt, und wie nimmt sie, die zumindest in den Jahren 1905 bis 1912 ihre Kate nicht verlassen kann, die Veränderungen der zunehmenden Industrialisierung wahr? Wie empfindet sie das Dorfleben in Jützbüttel, und welche Rolle spielen einzelne Dorfbewohner in ihrem Leben? Und schließlich: Wie reagieren die Ortsbewohner auf Antje Wegner, ihre Krankheit und ihr Verhalten?

Gerade in ihrem Alltag nimmt das Schreiben der Briefe eine große Rolle ein. Es bietet sich also an, hier den zweiten Teilbereich, die Funktion der Briefe als Kommunikationsmittel, einzubauen. Die ersten Fragen sind offensichtlich: Warum wählt sie gerade den Kaiser als Adressaten? Warum berichtet sie mindestens sieben Jahre lang nahezu täglich von den Vorkommnissen in ihrem Dorf, wahrscheinlich ohne jegliche Reaktion des Kaisers und entgegen den Verboten der direkten Obrigkeit vor Ort und gegen den Willen ihres Mannes? Es gilt also zu erarbeiten, worauf dieses „Urvertrauen" in den Kaiser (und das Vertrauen in sein Interesse an ihr) basiert, und was der Anlaß und das Ziel des Schreibens an ihn sind.

Die weiteren Fragen liegen ebenfalls auf der Hand: Wie sind ihre Briefe aufgebaut? Worüber berichtet sie und warum? Offensichtlich schildert sie in den Briefen nur bestimmte Erlebnisse und Beobachtungen, andere hingegen erwähnt sie nur am Rande. Es gilt also zu ermitteln, nach welchen Auswahlkriterien sie entscheidet, worüber sie schreibt und was sie nicht erwähnt. Auch die „technische" Seite ist interessant: von einigen Briefen liegen zwei gleiche Fassungen vor, die an unterschiedlichen Orten gefunden wurden; zudem weicht das Datum einiger Briefe um Jahre von dem der geschilderten Tage in dem entsprechenden Brief ab.

Wie sehr diese beiden Bereiche miteinander verknüpft sind, zeigt sich erst, wenn man sie zusammenfügt. Die Bedeutung der Briefe als Kommunikationsmittel für die Verfasserin ist eng mit ihren aktuellen Lebensverhältnissen verbunden, und das Schreiben – aufgrund des Aufwandes und der Reaktion anderer darauf – nimmt eine so bedeutende Rolle im Leben von Antje Wegner ein, daß es zwangsläufig den Alltag mitbestimmt.

Trägt man schließlich alle Angaben über Antje Christine Wegner, ihr Leben als kranke Frau in Jützbüttel sowie über die Menschen ihrer Umgebung aus ihren Briefen an den Kaiser zusammen, ergibt sich folgendes – zwangsläufig unvollständige – Bild.

Antje Christine Wegner

Elternhaus und Geschwisterbeziehungen

Antje Christine Wegner wird als viertes von insgesamt acht Kindern ihrer Eltern Peter Heinrich Höhrmann und Telse (Telsche) Catharina Bünz am 19. 12. 1853 in Albersdorf geboren. Albersdorf ist ein Kirchdorf in Süderdithmarschen, in dem 1855 genau 35 Bauernstellen und 38 Katen liegen; 651 Einwohner werden angeführt. Eingepfarrt sind u. a. die umliegenden Dorfschaften Arkebek, Bunsoh, Christianshütte, Immenstedt, Jützbüttel, Osterrade, Offenbüttel, Röst und Süderrade. Peter Höhrmann ist 1853 bereits Landmann[10] und bewirtschaftet eine kleine Hofstelle. Über seine Vergangenheit ist nur bekannt, daß er von seinem neunten bis achtzehnten Lebensjahr (1825 bis 1834) „bei Claus Lohmann seinem Großvater“ gewesen ist, also sehr früh im Dienst gestanden hat. Spätestens seit 1840 lebt und arbeitet er in Albersdorf, u. a. bei dem Hufner Claus Groth. Im November 1846 heiratet er die Käthnerstochter Telsche Bünz und übernimmt ein Jahr später die kleine Hofstelle seines Schwiegervaters[11]. Die Verfasserin erinnert sich, daß ihr Vater immer das gesamte Korn mit dem Flegel gedroschen hat und ihre Eltern die Hofstelle zusammen bewirtschaftet haben.

Antje Wegner kommt vermutlich im Jahr 1860 in die zweiklassige Schule in Albersdorf und wird unterrichtet von Sören Larsen Jensen Lebeck, der hier – nach einer seminaristischen Ausbildung in Tondern und einigen Anstellungen – von 1843 bis 1883 Hauptlehrer und Küster ist. Als Unterstützung steht ihm in den Jahren von Antje Wegners Schulzeit der Nebenlehrer bzw. Präparand Hansen zur Verfügung. Die Schwerpunkte im Unterricht liegen auf dem Religionsunterricht, Kopf- und Tafelrechnen, Schönschreiben und etwas Geographie. Aus den kirchlichen Visitationsberichten der Jahre 1861 bis 1868 läßt sich schließen, daß die Leistungen der Schüler grundsätzlich zufriedenstellend sind, aber auch hier die Winterschule wesentlich besser besucht ist als die Sommerschule. Antje Wegner verläßt die Schule mit ihrer Konfirmation am Palmsonntag 1868.

Es ist nicht bekannt, auf welchen Höfen Antje Wegner nach ihrer Konfirmation dient. Aus den Jahren bis zur Geburt ihres unehelichen Kindes im Jahr 1878 ist nur eine Angabe aus den Briefen zu entnehmen: In dem Jahr 1870/71 dient sie bei Peter Thießen in Röst. Es ist anzunehmen, daß Antje Wegner – entsprechend den üblichen Dienstverträgen – jährlich die Stelle wechselt.

Am 26. Februar des Jahres 1878 kommt ihre uneheliche Tochter zur Welt, die am 5. März getauft wird und verstirbt; der Vater ist nicht bekannt. Den Winter vor der Geburt arbeitet sie auf dem Hof ihrer Eltern, der seit 1876 ihrem ältesten Bruder Johann gehört. Da ihre Mutter in diesen Monaten schwer krank ist, muß sie zudem regelmäßig zu Fuß zu dem Arzt und der Apotheke nach Hanerau gehen – eine Strecke von jeweils ca. zehn Kilometern. Wahrscheinlich als die Geburt bevorsteht, wird sie von ihrem Bruder gezwungen, das elterliche Haus zu verlassen. Ihre Eltern, die sie in Schutz nehmen wollen, können dies nicht verhindern, unterstützen aber ihre Tochter so gut sie können, indem sie das Kostgeld für sie bei einem anderen Bauern zahlen.

Antje Wegner erwähnt ihr uneheliches Kind nie wieder. Die vielen Geschichten über uneheliche Geburten, die ihr erzählt werden, kommentiert sie selten. Aus einer einzigen Bemerkung geht hervor, daß sie in jedem Fall Mann und Frau für gleichermaßen beteiligt hält und es nicht akzeptieren kann, wenn der Mann das Mädchen, z. B. aufgrund unterschiedlicher Herkunft, im nachhinein ablehnt. Dem Familienbuch des Albersdorfer Pastors Hans Schacht, der von 1866 bis 1906 jegliche Kirchenangelegenheiten sorgfältig aufschreibt, ist zu entnehmen, daß er alle von der kirchlichen Norm abweichenden Vorfälle ablehnt. Jedes uneheliche Kind wird deutlich in dem Familienbuch mit der Randbemerkung „Spuria“ als solches gekennzeichnet; in den Konfirmationslisten trägt er nach, wann welche Konfirmandin unverheiratet schwanger wird. Aus den Aufzeichnungen von Pastor Schacht geht hervor, daß die Zahl der (bekannt gewordenen) unehelichen Kinder in Albersdorf zwischen 1872 und 1882 kontinuierlich ansteigt; die Pastoren vermerken die Erklärungen einer Vergewaltigung als „Ausreden“. Von den insgesamt 39 Mädchen, die mit Antje Wegner zusammen konfirmiert worden sind, haben mindestens sechs in den folgenden Jahren ein uneheliches Kind zur Welt gebracht.

Nur acht Monate später, am 5. 11. 1878, heiratet die Verfasserin im Alter von knapp 25 Jahren den 32jährigen Arbeiter Joachim Wilhelm Wegner, der zumindest 1878 auf dem Hof ihres Bruders angestellt ist. Aus einer Bemerkung Wilhelm Wegners geht hervor, daß er nur kurz bei Johann Höhrmann beschäftigt ist; es ist jedoch nicht nachzuvollziehen, ob er Antje Höhrmann bei seiner Arbeit kennengelernt oder erst durch sie die Stelle bekommen hat. Obwohl in dem Erbvertrag zwischen Peter und Telsche Höhrmann und ihrem ältesten Sohn Johann festgeschrieben ist, daß dessen Schwestern mit ihrem 25. Lebensjahr ihr Erbe ausgezahlt bekommen sollen, erhält Antje Wegner das Geld erst ein Jahr später, im Dezember 1879. Zu diesem Zeitpunkt arbeitet sie zusammen mit ihrem Mann schon in Jützbüttel; eine Kate kaufen sich die Eheleute jedoch erst im April 1880. Da beide als Besitzer eingetragen sind, finanzieren sie den Kauf vermutlich durch das Erbe der Verfasserin.

Bezogen auf ihre Eltern macht Antje Wegner ausschließlich positive Bemerkungen. Ihr Vater und ihre Mutter unterstützen sie trotz des unehelichen Kindes und besuchen sie und ihre Geschwister später häufig, als diese verheiratet sind und in den umliegenden Ortschaften leben. Beide wohnen bei ihrem ältesten Sohn in einem Teil ihrer ehemaligen Hofstelle, fühlen sich dort aber sowohl von Johann Höhrmann als auch von dessen zweiter Frau schlecht behandelt. Peter Höhrmann stirbt 1891 während eines Besuchs bei einer seiner Töchter, die Mutter 1894 nach einem heftigen Streit mit ihrem Sohn und dessen zweiter Frau. Der einzige der vorliegenden 66 Briefe, in dem Antje Wegner einen detaillierten Einblick in ihre Gefühlswelt gibt, handelt von den letzten zwei Tagen mit ihrer Mutter, jedem hierbei geführten Gespräch und den Beschimpfungen ihres Bruders gegen sie und ihre Mutter. Aus diesen Erinnerungen geht deutlich hervor, wie sehr sie ihre Eltern geliebt und respektiert hat.

Von ihren sieben Geschwistern stirbt eine Schwester 19jährig im Jahr 1866; Antje Wegner hat nach dem Tod ihrer Eltern mehr oder weniger regelmäßigen Kontakt mit fünf der anderen sechs Geschwister. Zu ihrem ältesten Bruder Johann hat sie seit dem Tod ihrer Mutter keinerlei Verbindung mehr; da er jedoch zunehmend seine Hofstelle vergrößert, mehr und mehr Geld verdient und zweimal heiratet, wird ihr immer wieder von Besuchern oder Händlern von ihm erzählt. Obwohl er bei vielen unbeliebt gewesen ist, kommen etliche Albersdorfer zu seiner Beerdigung, u. a. die Lehrer und der Kampfgenossenverein. Auch nach seinem Tod im Juli 1908, der bei Antje Wegner sehr viele Erinnerungen an ihre Eltern und das Jahr 1878 auslöst, betont sie weiterhin, daß er nur deshalb ein so schlechter Mensch war, weil die Beamten und der Amtsvorsteher ihn verdorben haben, denn vorher „... war Er ein Mensch, Der war garnicht besser zu machen". Während Antje Wegner das Verbleiben der insgesamt 14 Kinder von Johann Höhrmann kaum rekonstruieren kann, hat ihre Tochter Catharina Kontakt mit den Kindern der anderen Geschwister.

Antje Wegners Bruder Diedrich Höhrmann lebt in Odderade; er hat drei Kinder, die Catharina regelmäßig zu deren Familienfeiern oder einem Sängerball besucht. Antje Wegner selbst beschäftigt besonders das Schicksal ihres Neffen Wilhelm, dem auf einer Dienststelle durch einen Hengst ein Bein zerschlagen wird. Er bekommt zunächst nur wenig Rente, später gar keine mehr, und fällt schließlich 1908 in einen Brunnen und stirbt.

Ihre jüngere Schwester Catharina Magdalena Steen wohnt ebenfalls in Odderade. Da Antje Wegner mehrmals betont, daß ihre Schwester schwach bzw. kränklich ist, hilft Catharina ihr oft bei der Hausarbeit oder bei dem Binden des Hafers. Für Antje Wegner selbst bedeutet das in jedem Fall einen Verzicht auf die Tochter, die sie pflegt und die ihr das Essen zubereitet; dennoch schickt sie Catharina zeitweise mehrere Tage in der Woche nach Odderade.

Ihre ebenfalls jüngeren Zwillingsschwestern Wiebke und Margaretha sind beide verheiratet. Wiebke Höhrmann hat im 5. Monat ihrer ersten Schwangerschaft den Bauern Claus Arps aus Bunsoh geheiratet, der zwar seinen Hof zunehmend vergrößert, sich aber dennoch „dem Trunke ganz ergeben" hat. Auch diese Schwester bezeichnet Antje Wegner als kränklich; wegen der Trunksucht von Claus Arps und seiner launischen Mutter ist der Kontakt zu den Wegners eher gering.

Über Margaretha Langhoff berichtet die Verfasserin ebenso wenig wie über ihre jüngste Schwester Anna Wichmann. Margaretha Langhoff lebt in Braaken, Anna Wichmann in Steenfeld; beide kommen nur sehr selten zu Besuch.

Weitere Familienbeziehungen werden aus den Briefen nicht ersichtlich. Antje Wegner erwähnt lediglich, daß sie kaum einen ihrer vielen Cousins und Cousinen kennt; obwohl sie teilweise die Nachkommen der Geschwister ihrer Großeltern nennen kann, hat sie zu diesen keinerlei Kontakt.

Auszug aus dem Brief vom 28. 3. 1910 (Erinnerungen)

Als Du bei Johann Höhrmann arbeitetest, wenn Du im März 1 Mark Tagelohn kriegtest u. wenn denn die letzte Woche einige Tage im April waren, denn kriegtest Du für die Tage auch nicht mehr, u. so ging es ja jeden Monat, auf diese Weise ging noch recht bischen von Deinem Tagelohn weg. Ja sagte mein Mann, ich mochte da auch nicht sein, Johann Höhrmann war schlecht. Ich sagte: wenn der Amtsvorsteher Ihm man nicht solches ein gegeben hat, daß Sie uns auch nach Meldorf schleppten, denn von Vater u. Mutter hat Er solches nicht gelernt. Der Amtsvorsteher ist ein Nachtwanderer u. das wurde Johann Höhrmann auch, Der war vor Mitternacht selten im Hause, solches wird wohl alles bei Nachtzeiten zurecht gemacht, Vater warnte Ihm davor, aber Er hörte nicht, sonst wäre es anders geworden u. Er hat es selbst gesagt, daß der Amtsvorsteher der Schuldige wäre. Er hatte sonst genug gelernt u. unser Lehrer Lebeck wollte so gerne, Er solle studieren. Er sagte: Johann Höhrmann könne was anderes werden als ein Landmann, aber es blieb da bei u. wenn der Feldwebel beim Militär Ihm die drei Tage im Kasten nicht bereitet hätte, denn wäre Er später vielleicht noch wieder beim Militär eingetreten, denn die Batterie lag in Schafstedt zu Manöver u. Sie haben ihm furchbar gebeten, Er solle als Unteroffizier eintreten, das wollte Er aber nicht u. man weiß ja nicht, ob solches damals auch schon von Albersdorf aus gegangen ist, der Feldwebel hatte in Frankreich Johann Höhrmann sein Tagebuch gefunden u. hätte Ihm es wieder gegeben u. Ihm gelobt, daß Er sich alle seine Erlebnisse gemerkt hätte, Er meinte, der Feldwebel hätte es gerne wieder gut machen wollen, aber Johann Höhrmann vergaß es nicht, denn Er sagte, Er hätte die Strafe unschuldig gekriegt. Johann Höhrmann seine erste Frau hielt sich an Vater u. Mutter u. Die war schwindsüchtig u. wenn es mal Unfrieden gab, denn gingen Vater u. Mutter weg u. weilten eine Zeit lang in Odderrade oder hier bei uns u. Vater u. Mutter sagten beide, die Beamten hätten Ihm gänzlich verdorben, die Frau ist auch an Schwindsucht gestorben u. Mutter hat Ihr gepflegt u. mit der zweiten Frau wurde Er im Frühjahr 1891 mit verheiratet, denn sollte ich Ihnen es zu der Hochzeit im Hause zurecht helfen u. es gab denn auch schon Unfrieden, denn sagte ich, Maria, halte Dich an Vater u. Mutter, denn wird es am besten gehen. Ach seg Se, Dien oll Mutter hett je so vel oll Görn hatt, so vel Görn will ick nie hem. Ick seg, na, seg man nie to vel, denn datt ist Die gewiß in de Weeg nie för sung, wo vel Du dar von kriegst. Ach sagte Sie, die Alten sind wunderliche Leute. Ich sagte: was Vater u. Mutter durch gemacht haben, das sollst Du noch lernen u. Vater u. Mutter haben immer über Ihr geklagt. Vater ist in Odderrade bei Friedrich Steen am 21 Juni 1891 gestorben u. Er wurde am 26 Juni 1891 begraben, wenn die Papiere in Meldorf zurecht gewesen wären, denn hätte Pastor Schacht Ihm noch nicht beerdigen wollen, denn hätte Johann Höhr-

mann wieder nach Meldorf müssen u. nachher weilte Mutter die mehrste Zeit in Odderrade u. hier bei uns u. Mutter weilte hier bei uns von Anfang November bis eben vor Weihnachten 1893, ich wollte Ihr den Winter hier behalten, aber Sie meinte, Sie gehöre ja in Albersdorf, wenn Sie hier krank würde, denn hätten wir ja große Last von Ihr u. Johann Höhrmann bezahle denn nicht. Ich sagte: Mutter, wenn Sie hier krank werden, denn will ich Ihnen gerne pflegen, denn Sie haben mich auch gepflegt u. wenn Sie einen Arzt haben müssen, denn kann Johann Höhrmann Arzt u. Apotheke bezahlen, das ist Er doch schuldig. Nein sagte Sie, das thut Er nicht. Sie bat aber, wir möchten Ihr in Albersdorf öfters mal besuchen, denn ging ich mal hin u. sonst schickte ich die älteste Tochter hin u. Sie war an Influenza erkrankt, wurde aber wieder gesund u. hatte das Bett schon wieder verlassen, denn ging ich den 15 Februar 1894 mal hin u. wollte Ihr mal besuchen, aber wie traf ich es da? Ihre Röcke standen vor dem Bett, als wenn Sie rückwärts zu Bett gegangen wäre, es war aber ein Brett davor gesteckt u. denn arbeitete Mutter immer mit den Händen in der Bettdecke u. als ich mit Ihr sprach, erkannte Sie mir an der Sprache. Ich fragte: Mutter, wie kommt das, daß Sie hier so im Bett sitzen? wir sind der Meinung, Sie sind gesund u. nun finde ich es hier so. Ja sagte Sie, Antje, ich kann Dir es nicht sagen, Montagabend kamen Claus Arps u. seine Frau aus Bunsoh von Odderade, Die sind hier gewesen, da hatte ich es noch gut, um welche Zeit ist es jetz denn? ich sagte: heute ist es Donnerstagnachmittag. Ach sagte Mutter, ich kann Dir es nicht sagen, wie mir es seit Montag ergangen ist, die Medicin, die habe, die bringt mich ins Grab, Er hat Dr. Beuck ja verdungen, Der kriegt jährlich 10 Mark, da hat Er die ärztlichen Bemühungen denn für zu besorgen, aber wenn Du krank wirst, hüte Dich vor Dr. Beuck, Der bringt mich ins Grab. Ich sagte: Mutter, soll ich die Medicin aus dem Fenster gießen? nein sagte Sie, das sollst Du nicht, denn wird Dir es nicht gut gehen, denn Johann Höhrmann u. seine Frau gönnen mir nicht den Platz auf der Welt, wo ich gehe oder stehe, wo ich sitze oder liege, denn vorige Woche saß ich hinter dem Ofen u. denn kam Johann Höhrmann auf Holzstiefeln hier hinein u. schalt mich aus, was ich hier so herum sitzen wollte. Ich sagte ja, Vater ist tod u. für Mutter ist es jetz nicht so leicht, wären Sie doch bei mir geblieben, ich hätte Ihnen doch pflegen können. Ach sagte Mutter, Pflege giebt es hier nicht, aber Geduld überwindet alles. Ich sagte: ich will nach Maria u. mal fragen, wie es hier diese Tage gewesen ist. Ach Antje sagte Mutter, hüte Dich vor Ihnen. Ich sagte ja, ich will mal sehen, ich ging nach der anderen Stube u. denn saß Maria bei der Wiege u. ich fragte Ihr, Maria, was ist das mit Mutter? ja sagte Sie, Mutter ist schlecht, Sie hat sonst immer mit dem Stock geklopft, wenn Sie was wollte, aber Sie klopft jetz nicht mehr. Ich fragte: wie lange ist es so gewesen? ach sagte Sie, heute klopft Sie nicht mehr.

Ich sagte: Ihr müßt Mutter da nicht allein lassen, Die muß Pflege haben, so kann es ja nicht angehen u. auf einmal flogen die Betthüren offen u. Johann Höhrmann kam da hinaus stürzen u. sprang vor mich hin u. hielt mir die Arme über den Kopf u. sagte: hältst Du das Maul u. sonst haue ich Dich in Stücke. Ich sagte: Johann, schlage ruhig her u. haue mich in Stücke, ich fürchte Dich u. den Tod nicht, ich fürchte bloß den lieben Gott. Er ließ die Arme nieder sinken u. wurde weiß wie eine Leiche u. sagte: hinaus Du Hund, aus meine Wohnung heraus. Ich sagte ja, aus Deine Stube gehe ich, aber in Mutter Ihre Stube lasse mich in Ruhe u. so wie ich nach Mutter Ihre Stube ging, folgte Er mir auf dem Fuße u. schalt doch großartig. Ich sagte: Johann, sei doch ruhig u. laß Mutter Pflege kriegen, so kann es doch nicht angehen, wenn Du doch so fort gearbeitet u. gewohnt hättest, als Vater u. Mutter gethan haben, wie schön hättest Du hier wohnen können, aber Er hörte nicht u. schalt immer los. Ich sagte: geh an Deine Arbeit u. lasse uns in Ruhe, sorge aber da für, das Mutter Pflege kriegt u. sonst muß man es ja anzeigen. Er schalt aber immer fort, Vater u. Mutter wären mitunter von Ihm gegangen u. hätten sich längere Zeit bei uns anderen Kinder aufgehalten. Ich sagte ja, wenn es hier Unfrieden gab, denn gingen Vater u. Mutter weg, das mag auch keiner hören, wenn Du hier so wüthest, Du bist doch gänzlich verdorben, Er schalt aber immer los, denn sagte Mutter, Johann, Johann, Antje sagt Dir doch die Wahrheit, wüthe doch nicht so. Ach sagte Er, weiß Du Hund da auch noch was, Du kannst man auf den Hintersen liegen. Ich sagte: es wird Zeit, gehe an Deine Arbeit u. Er ging fort. Dann sagte Mutter, Antje räche Dich nicht an Deine Brüder. Ich sagte: Mutter, das will ich auch nicht, aber Er muß mich doch in Ruhe lassen. Soll ich nach Schwester Wiebke in Bunsoh gehen u. Die bescheid sagen, denn kann Die hier Nachts bei Ihnen sein. Nein sagte Mutter, Ihr sollt Euch hier nicht immer ausschelten lassen, weile hier noch bischen bei mir. Ich sagte: das will ich auch. Dann sagte Mutter, gehe nachher nicht nach Bunsoh, gehe zu Hause u. bete für mich, der liebe Gott möge für mich ein Ende darin machen, denn Sie gönnen mir den Platz hier nicht, aber Geduld überwindet alles u. wenn Du mich denn in Frieden mit zu Ruhe bringen kannst, nachher nehme Abschied von Deinem Vaterhause, denn das nützt Dich doch nichts, Johann ist gänzlich von den Beamten verdorben. Ich sagte: ja Mutter, ich glaube es auch so u. ich will es auch so machen u. am 16 Februar 1894 Mittags war Mutter gestorben.

Die Kate der Wegners um 1910

Das Familien- und Berufsleben vor Beginn der Krankheit

Bevor Wilhelm Wegner mit 32 Jahren nach Albersdorf kommt und im November 1878 die Verfasserin heiratet, arbeitet er seit seinem 16. Lebensjahr durchgehend bei seinem Onkel in Steenfeld auf dessen Hofstelle. Während des Deutsch-Französischen Krieges 1870/71 ist er an der Front. Sein Vater stirbt zur Zeit seiner Konfirmation; zu seiner Mutter und ihrem zweiten Mann hat er ein gutes Verhältnis. Seine Mutter verstirbt im Mai 1894; sein Stiefvater im Jahr 1907 nach 48 Tagen im Armenhaus. Auch Wilhelm Wegner hat seine Tanten, Onkel, Cousins und Cousinen nie kennengelernt; er weiß nur, daß sie in der Marsch leben und teilweise „reiche Bauern" sind. Seine Schwester Wiebke Springmann aus Altona besucht die Wegners von Zeit zu Zeit.

Antje und Wilhelm Wegner ziehen wahrscheinlich kurz nach ihrer Hochzeit nach Jützbüttel, wo sie zunächst bei Johann Ploog[12] wohnen und arbeiten. Ihre Kate kaufen sie im April 1880. Das Fachwerkgebäude ist mit Ziegeln gefüllt, das Dach ist aus Stroh.

Innerhalb des Hauses befindet sich eine Diele, auf der im Winter die Tiere gehalten werden und von der aus der Boden zu erreichen ist. In der heizbaren Stube befinden sich zwei Betten in der Wand, ein Sofa, ein Tisch mit zugehörigen Stühlen sowie mindestens zwei Truhen. In der Küche ist ein Herd, der Brunnen befindet sich neben der Kate im Garten.

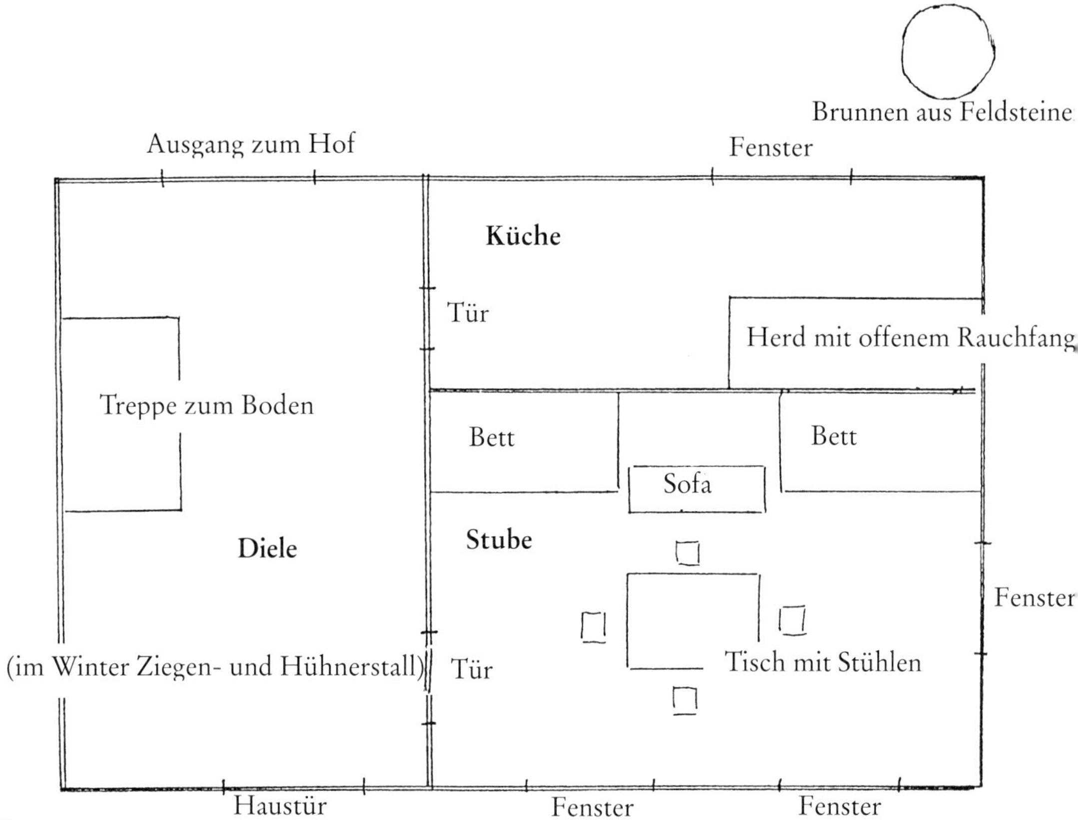

Zeichnung: Rekonstruktion der Räume

Das Grundstück umfaßt insgesamt 37 ar und 46 qm; den größten Teil nimmt der Acker neben dem Wohngebäude ein, der wahrscheinlich teilweise als Garten genutzt wird. In der ersten Zeit heuern sie sich Moor bzw. Torf von verschiedenen Bauern, später haben sie eine feste Torfparzelle, wo sie regelmäßig ihr Brennmaterial ausstechen. In den 1880er Jahren arbeitet Antje Wegner auf verschiedenen Höfen in Jützbüttel; in ihren Briefen erwähnt sie u. a. die Arbeit bei Christian Jargstorf, einem Butterhändler und Käthner, die Mithilfe bei der Ernte auf dem Hof der Familie Klehn oder bei dem Parzellenbesitzer Johann Speck, der noch Jahre später Antje Wegners Tüchtigkeit erwähnt. Um ihr geringes Einkommen aufzubessern, sammelt und harkt sie Korn „auf andere Leute ihren Koppeln." Wilhelm Wegner arbeitet vermutlich ebenfalls auf verschiedenen Höfen in Jützbüttel, bevor er seit 1890/91 fest bei Claus Klehn als Arbeiter beschäftigt ist. Im Dezember 1902 erkrankt auch Wilhelm Wegner schwer, so daß er sich seitdem zunehmend über die schwere Arbeit auf dem Hof beklagt.

Wahrscheinlich seit den späten 1880er oder frühen 1890er Jahren ist die Verfasserin als Brotträgerin beschäftigt. Diese Zeit führt sie im nachhinein oft als Beweis für früher erbrachte Leistungen an. Jeder Brief wird mit dem Zusatz „frühere Brotträgerin" hinter ihrem Namen unterschrieben; auch die Nachbarn erinnern sich an ihren Fleiß; „…, was hast Du doch gearbeitet, als Du mit den Brotkörben gingst … Du hattest die Hausarbeit u. den Garten doch in Ordnung zu halten u. denn auch immer auf der Landstraße …" Welche Art von Brothandel Antje Wegner führt, ist nicht auszumachen. Sie wird in keinem Verzeichnis über

Gewerbetreibende der Jahre 1867 bis 1908 geführt, obwohl selbst Kleinhändler, die von jeglichen Steuerabgaben befreit sind, genannt werden. Obwohl Antje Wegner einige Erfahrung mit der Zubereitung von Sauerteig hat und Catharina später oft Weißbrot in der Kate der Wegners backt, ist nicht anzunehmen, daß die Verfasserin das zu verkaufende Brot selbst herstellt. Wahrscheinlich arbeitet sie für einen Bäcker, dessen Backwerk sie austrägt; es gibt jedoch keinen Anhaltspunkt, welcher Bäcker dies gewesen sein könnte. Zu Fuß wandert sie mit ihren Brotkörben und einem Brotkasten durch die umliegenden Orte; erwähnt werden u. a. Immenstedt, Offenbüttel oder Bunsoh. Die Erfahrungen bei dieser Arbeit sind unterschiedlich: Mal wird Antje Wegner von einem Bauern dafür gelobt, eine Arbeit gefunden zu haben, bei der sie gleichzeitig „kleben“ kann[13], mal wird sie aus einem Haus gewiesen. Gerade als Brotträgerin wird ihr immer wieder bewußt, daß sich Händler und Hausierer immer nach den Kunden richten müssen; verbittert berichtet sie über die schlechte Behandlung, die man erdulden muß, damit sich niemand beschwert. Nach ihrer Lungenentzündung im Mai 1900 geht sie noch im Januar 1901 mit ihren Brotkörben umher, stellt diese Arbeit aber bald danach ein.

Hochzeitsfoto von Christine Wegner und Hans Jacob Quest, 27.11. 1903

Ihre älteste Tochter Christine kommt im Mai 1880 zur Welt. Nach einem Schulbesuch in Osterrade beginnt auch sie wahrscheinlich nach ihrer Konfirma-

Christine Mathilde Wegner.

in

Jützbüttel.

Schön wie die Rosen sei dein Leben
Dein Glück sei hell wie Sonnengla
Die Freundinnen mögen Blumen weben
Zu deinem Tage schönen Kranz
Auch winde stets für mich hinein,
Ein niedliches Vergißmeinnichtlein
Zur Erinnerung an deine Mut

Antje Wegner.
1892.

Theure laß uns muthig tragen,
Wenn das Schicksal finster blickt,
Bis einst wird die Stunde schlagen,
Die auf ewig uns beglückt.
Götter können Leben fordern
Körper werden zwar getrennt,
Doch die Flamme wird ewig lodern
Die für dich im Herzen brennt.

Zur Erinnerung an deinem Vater

Wilhelm Wegner.
1892.

Bleib in Jesu festem Glauben
In der Liebe fest und treu!
Laß dir nicht die Krone rauben
Jesus hilft und steht dir bei
Mit der Hoffnung geh' zum Lebens
Kampf! Du kämpfst nicht vergebe

Zum Andenken

Von deiner Freundin

Wiebke Koopman

Osterrade 7.2.94.

tion mit der Arbeit auf verschiedenen Höfen. Aus dieser Zeit ist nur bekannt, daß sie bei Hermann Thomsen in Bunsoh dient; grundsätzlich betont ihre Mutter jedoch immer wieder, daß Christine „... von ihrem 14 Lebensjahre garnicht gesund gewesen (ist), Sie mußte im Sommer ja immer zu Hause, als Sie bei den Bauern diente ...“ Auch nach ihrer Heirat mit Hans Quest aus Albersdorf im November 1903 bleibt Christine kränklich. Obwohl sie zwei gesunde Kinder bekommt, einen Jungen im Mai 1905 und eine Tochter im August 1910, müssen ihr ihre Schwester Catharina oder die Mutter ihres Mannes oft bei der täglichen Arbeit und der Wäsche helfen, da sie selbst zu schwach hierfür ist. Wenn ihre Gesundheit es zuläßt, besucht sie ihre Eltern regelmäßig, meist alle drei Monate einmal.

Catharina Wegner, um 1900

Die zweite Tochter der Wegners, Catharina, wird 1884 geboren. Auch sie geht in die Osterrader Schule; ihre Mutter hat allerdings sehr schlechte Erinnerungen an den Unterricht bei Lehrer Thiedemann, von dem Catharina regelmäßig geschlagen wird. Den Konfirmationsunterricht besucht sie zeitweise zusammen mit ihrer Schwester Christine und beginnt mit 14 Jahren, auf den Höfen zu dienen. In den folgenden acht Jahren, bis sie schließlich ab 1906 ihre Mutter pflegen muß, arbeitet sie auf neun verschiedenen Stellen, an die sie sehr unterschiedliche Erinnerungen hat. Auch Catharina ist oft krank und laut eigenen Aussagen und der ihrer Mutter körperlich nicht sehr belastbar. Als ein Zeichen ihrer Schwäche sieht sie selbst ihre Gewichtsabnahme an, auf die sie Besucher ansprechen: „... ich habe 150 Pfund gewogen u. ich wiege jetz man 105 Pfund, das Essen schmeckt mir auch garnicht.“ Seit 1906 wohnt sie überwiegend zu Hause, arbeitet aber mehr oder weniger regelmäßig bei einer Nachbarin. Etliche Dorfbewohner fragen regelmäßig an, ob Catharina ihnen bei Feldarbeiten, dem Hausputz oder der Wäsche helfen kann; je nach gesundheitlichem Zustand ihrer Mutter sagt sie zu

Bild linke Seite: Poesiealbum der ältesten Tochter Christine aus dem Jahr 1892 mit Unterschriften von Antje und Wilhelm Wegner

oder ab. Catharina heiratet nie, obwohl sie zumindest im Jahr 1912 einen „Bewerber“ hat. Nach dem Tod ihrer Eltern – Antje Wegner stirbt 1914, Wilhelm Wegner 1919 – bleibt sie bis in die 1960er Jahre in der Kate in Jützbüttel wohnen, bevor sie in das Landeskrankenhaus Schleswig und später in ein Heim kommt[14].

Im September 1891 kommt das dritte und letzte Kind der Wegners – ein Sohn – zur Welt, der im Mai 1893 verstirbt. Die Verfasserin erwähnt ihn nur, wenn sie von Nachbarn direkt auf ihn angesprochen wird, und betont: „... ich weine mein Kind nicht mehr nach, denn wenn Der solches erleben müßte, als was ich erleben muß, denn wollen wir Den lieber ruhen lassen.“ Dennoch wird deutlich, daß sie ihn vermißt und beim Anblick der Nachbarskinder manchmal daran denkt, wie alt er in dem entsprechenden Jahr gewesen oder wann er konfirmiert worden wäre.

Über das Zusammenleben der Familie in diesen Jahren ist nichts bekannt. Aufgrund der Arbeit und des eigenen Verdienstes von Antje Wegner ist das Verhältnis zwischen den Eheleuten vermutlich wesentlich entspannter als in den kommenden Jahren.

Die Krankheitssymptome

Antje Wegner erwähnt oft, daß sie genau seit dem 27. Mai 1900 krank ist. Aus den wenigen Andeutungen ist zu entnehmen, daß sie zu dieser Zeit schwer an einer Lungenentzündung erkrankt. Zunächst kann sie noch mit ihren Brotkörben umhergehen, bekommt aber im Sommer 1901 von ihrem Arzt, Dr. Schaumann aus Albersdorf, eine Rentenbescheinigung ausgestellt. Ihr Antrag auf Invalidenrente, über den im September 1901 wahrscheinlich das Amtsgericht Meldorf befindet, wird aufgrund „fehlender Marken“ abgelehnt; vermutlich hat Antje Wegner nicht genug oder unregelmäßig die wöchentlichen Marken auf die Invalidenrentenkarten geklebt.

Die seit diesem Zeitpunkt auftretenden Krankheitssymptome sind vielfältig und kehren regelmäßig – oft in Schüben – wieder. Wahrscheinlich sind diese Symptome der Grund, warum Antje Wegner ihr Grundstück seit 1901 nicht mehr verläßt. Während sie noch 1905 etwas Backwerk an Nachbarn verkauft und „bei recht schöner Witterung“ Wasser und Brennholz aus dem Garten hereinholen kann, scheint sich die Krankheit 1907 verschlimmert zu haben. Den Dezember des Jahres und Teile des Januars 1908 verbringt sie größtenteils im Bett; der nächste Krankheitsschub beginnt Ende Februar und dauert bis Anfang Mai 1908. Besonders in diesen Monaten kommt der Arzt mehrmals wöchentlich, und die Krankheit ist ein wichtiges Thema bei allen Gesprächen. Die Verfasserin betont immer wieder, daß sie „fortwährend leidend“ bzw. seit 1900 „noch niemals wieder gesund“ gewesen ist und seitdem auch noch keine Nacht ruhig geschlafen hat. An besonders schlimmen Tagen „fällt (sie) so um“ und kann sich an große Teile des Tages nicht mehr erinnern. Auch an besseren Tagen kann sie oft nur ein paar Stunden am Vormittag oder Nachmittag aufstehen, mittags muß sie sich

„noch immer zu Ruhe begeben." Bei jeglicher Anstrengung „schwillt (ihr) Körper fortwährend" an; vor allem ihre Hände und Füße „brechen ... immer durch," weshalb sie sie in Seifen- und Verbandswasser baden und gut verbinden muß. Ihr ganzer Körper ist „dick", „unbeholfen" und „vernichtet". Ein weiteres Krankheitssymptom ist starker Husten, eine dichte Lunge und Probleme beim Atmen. Als Folge dieser Erkrankungen holt ihre Tochter regelmäßig die verschriebenen Salben, Pulver, Tabletten, Wasserzusätze, Verbände oder Krücken aus der Apotheke in Albersdorf. Antje Wegner betont, daß ihre Krankheit nur wenigen bekannt ist. Gerade aus diesem Grund erwähnt sie ihren Nachbarn oder Händlern gegenüber bewußt die Auswirkungen ihrer Erkrankungen, beschreibt ihre Leiden detailliert und verweist immer wieder auf das Aussehen ihrer Hände und Füße.

In den meisten Fällen scheint Antje Wegner sehr selbstbewußt mit ihrer Krankheit umzugehen, ohne sich von dem herrschenden Ideal einer hart arbeitenden Frau beeinflussen zu lassen. Sie hebt immer wieder hervor, daß sie die Situation nicht ändern kann und ein Recht auf Hilfe hat, besonders wenn die Nachbarn auf die viele Arbeit hinweisen, die die Pflege einer Kranken bedeutet. Auf Nachfragen, ob sie wieder im Bett liegen müsse, reagiert sie gereizt: „... ich begebe mich zur Ruhe, so lange wie ich es will, da darf ich andere Leute wohl nicht um fragen, ..." Mehrmals macht sie deutlich, daß sich ihre Situation auch in der Zukunft nicht wieder verbessern wird.

Hin und wieder wird dennoch vermittelt, wie sehr sie unter ihrem eingeschränkten Alltag leidet. Besonders die Arbeit und Pflege der Blumen in ihrem Garten vermißt sie sehr: „... ich muß mich in allem fügen, ich habe früher immer so viele Blumen gehabt u. hatte meinen Spaß daran, aber jetz ist es nichts, ich kann sie nicht pflegen u. die Tochter hat auch ihre Arbeit." Noch immer bewundern Nachbarn oder Fremde ihren Garten und bitten um Blumen; gleichzeitig wird aber anschaulich beschrieben, daß er früher noch eindrucksvoller gewesen sein muß.

Entsprechend dem körperlichen Zustand Antje Wegners ist ihr Arzt häufig in der Kate, um sie zu behandeln. Antje Wegner betont, daß er ihre Krankheit kennt und auch seine Vertreter sie gut behandeln. Dr. Schaumann scheint als Arzt, Respektperson und Vertrauter für die Verfasserin sehr wichtig zu sein. Immer wieder erzählt sie ihm, wie sie von den Leuten und besonders von ihrem Mann behandelt wird; der Arzt unterstützt sie in ihrem Vorhaben, sich weder reizen noch provozieren zu lassen. Zudem erkundigt er sich regelmäßig, ob ihr Mann „wieder Skandal" gemacht hat, und kommt sofort, sobald es Antje Wegner schlechter geht und er benachrichtigt wird. Er bietet ihr mehrmals an, sie in das Albersdorfer Krankenhaus zu überweisen, was seine Patientin jedoch ablehnt, da sie ein Auseinanderbrechen der Familie befürchtet.

Als die Arztrechnung fällig wird, weist Dr. Schaumann die Wegners auf die Möglichkeit hin, beim Amt die Übernahme der Arzt- und Apothekenkosten zu beantragen. In keinem der Briefe findet sich ein Hinweis, wie hoch diese Kosten oder die Preise eines einzelnen Medikaments sind. Die jüngste Tochter Catharina muß im Zeitraum Juni 1907 bis August 1908 mindestens 26mal den Arzt benachrichtigen und noch häufiger Medikamente von der Apotheke holen; es ist daher anzunehmen, daß die Rechnungen insgesamt sehr hoch sind.

Auch wenn ein gewisser Prozentsatz von dem Amt übernommen wird, müssen die Wegners zumindest Teile der Kosten selbst tragen. Was dies für die Wegners bedeutet, wird erst vor dem Hintergrund ihrer finanziellen Situation in den Jahren 1907/08 deutlich.

Die wirtschaftliche Situation der Familie

Im Oktober 1907 verdient Wilhelm Wegner täglich 1,20 Mark; hierfür muß er von 6 Uhr morgens bis 8 Uhr abends auf dem Hof und den Feldern der Familie Klehn arbeiten. Im Sommer sind die Arbeitszeiten wesentlich länger: Seit dem 1. Mai 1908 beträgt der Tagelohn 1,40 Mark, dafür beginnt der Arbeitstag um 5 Uhr morgens und endet um 10 Uhr abends. Neben dem Tagelohn umfaßt sein Vertrag mit Claus Klehn weitere Leistungen des Bauern für die Wegners. Claus Klehn stellt ihnen Land zum Kartoffelpflanzen zur Verfügung; für die Düngung des eigenen Ackers und Gartens bzw. für das Transportieren von Busch, Torf oder Heu können sie Pferde und ein Fuhrwerk leihen. Gegen bestimmte Zusatzdienste, wie das Füttern der Kühe am Sonntagmorgen, bekommt Wilhelm Wegner zudem zusätzliches Torfmoor. Der Vertrag wird zumindest zum 1. November eines jeden Jahres verlängert; der Tagelohn jeden Samstag ausgezahlt. Antje Wegner sieht keine Relation zwischen den Arbeitsverhältnissen und dem Lohn ihres Mannes; ihrer Meinung nach sind die Arbeitstage viel zu lang und der Lohn ist zu gering: „... ich wundere mich nicht, daß Vater nicht mehr kann, ... Er (hat) niemals viel gekriegt, bloß daß wir nothwendig zu leben u. zu kleiden hatten ...“

Zusätzliche Einnahmequellen sind jährlich 40 Mark aus einem Invalidenfonds für Soldaten des Deutsch-Französischen Krieges von 1870/71 und das Unfallgeld Wilhelm Wegners nach einem Unfall im Sommer 1907, das im Jahr 60 Mark beträgt. Catharina arbeitet oft für Gegenleistungen, wie z. B. das Transportieren von Torf; ihren sonstigen, geringen Verdienst braucht sie für Kleidungsstücke.

Dagegen stehen feste Ausgaben wie Steuer-, Kirchen-, Gilde-, Schul- und Zeitungsgeld und die regelmäßigen Rechnungen der Händler, des Müllers, der Apotheke und des Arztes. Zudem kommen zwei- bis dreimal im Jahr die Schneiderinnen und bei Bedarf ein Maler oder Maurer. Obwohl einige Preise genannt werden, sind diese Angaben so sporadisch, daß es nicht möglich ist, eine gesonderte Aufstellung über Einnahmen und Ausgaben bzw. die konkrete finanzielle Situation der Wegners zu erstellen.

In jedem Fall muß sehr sparsam gewirtschaftet werden. Antje Wegner bestellt regelmäßig bei dem Bäcker Hans Lemburg und den Warenhändlern Otto Looft und Schrum, achtet hierbei aber sehr auf die Preise und mögliche Alternativen: „... die Waaren können wir nicht alle kaufen, das geht nicht, wenn wir Thee trinken wollen, dann will ich die Tochter ins Feld schicken, denn kann Sie Marienbettstroh pflücken..."[15] Von anderen und nur selten vorbeikommenden Händlern bezieht sie bei Bedarf etwas Fisch oder Weißkohl. Wenn ein Preis steigt, wird er nochmals hinterfragt; ist kein Geld vorhanden, werden die Waren gegen Eier getauscht. Der Tagelohn von Wilhelm Wegner wird schon vor der Auszahlung berechnet.

Die Grundversorgung wird überwiegend durch das Halten von etlichen Hühnern, zeitweise zwei Ziegen und zwei Schweinen, den Anbau von Kartoffeln, Bohnen, Kohl, Rüben, Roggen und Korn sowie das Einkochen und Verwenden der Äpfel, Pflaumen und Stachelbeeren aus dem eigenen Garten gewährleistet. Als Brennmaterialien für den Ofen stehen Torf und Busch zur Verfügung; die Schweine und Hühner werden mit dem Gras gefüttert, das Wilhelm und Catharina Wegner am Straßenrand abmähen, oder mit Gerstenschrot und Weißbrot versorgt. Auch die Ausgaben für das Schweinefutter sind genau bemessen; können mit einem Sack Schrot nicht genug Tiere gefüttert werden, wird dies sofort beim Müller beanstandet. Da Catharina wieder im Haus lebt und nur wenig Geld verdient, müssen beide Schweine gleichzeitig geschlachtet werden, damit genug Fleisch da ist; trotzdem ist kein Speck mehr zum gelegentlichen Verkauf übrig. Gebuttert wird von der Ziegenmilch; Milch wird von den Nachbarn geholt und oft gegen Eier getauscht. Sind reichhaltig Pflaumen oder Äpfel vorhanden, werden sie an die direkten Nachbarn verschenkt; im Gegenzug bekommen die Wegners Bickbeeren oder Stachelbeeren, wenn diese dort im Übermaß vorhanden sind. Gerade in den Jahren 1907/08 ist dies jedoch nicht der Fall. Ganz im Gegenteil beschwert sich die Verfasserin über die Kinder und Erwachsenen, die die Äpfel von ihren Bäumen werfen und die Beeren abpflücken, sowie das Vieh, das in den Nächten die Rüben und den Kohl aus dem Garten frißt. Die gesundheitliche Situation von Antje Wegner, die häufigen Krankheiten ihres Mannes und ihrer Tochter und dic daraus resultierende, sich verschlechternde wirtschaftliche Situation der Familie hat dennoch zur Folge, daß die Nachbarn oft Essen, Milch, Früchte oder Busch vorbeibringen. Pastor Fries aus Albersdorf bringt von Zeit zu Zeit kleinere Geldbeträge, so z. B. 1907 zu Weihnachten 10 Mark oder 6 Mark im Juni 1908.

Die Kleidung betreffend wird überwiegend Catharina angeführt. Als eine Nachbarin fragt, warum sie ausschließlich barfuß läuft, antwortet sie: „... dann spare ich doch auch wenigstens die Strümpfe..." Wilhelm Wegner beschwert sich oft über die schlechte Kleidung seiner Tochter, die aus alten Röcken Antje Wegners genäht ist und die auch den Dorfbewohnern auffällt. Damit sich Catharina dennoch hin und wieder eigene Kleidung leisten kann, versucht ihre Mutter, sie so oft wie möglich zur Arbeit zu anderen Leuten zu schicken, damit sie sich etwas Geld verdient. Löcher in Schuhen oder Stiefeln werden mit dem Leder von altem Schuhwerk geflickt.

Nach Auftreten ihrer Krankheit beginnt Antje Wegner, an den Kaiser zu schreiben, wobei die oben geschilderten Lebensverhältnisse eine wichtige Rolle spielen.

Jützbüttel, den 26 Mai 1905

Se. Majestät Kaiser u. König.

Dieweil es niemals aufhört mit dem Spitzen treiben, sehe ich mich veranlaßt, Ew. Majestät nochmals eine Erörterung der Leute zur gütigen Einsicht zu unterbreiten.

Den 17 Mai 1905 abends holte ich mir etwas Torf hinein, denn weilten Thies Gosch u. Adele Gosch hier bei unserm Hause u. Thies Gosch sagte zu mir, Antje, Du hast ja noch viel Torf. Ich sagte ja, wir haben auch ja keinen Winter gehabt, sonst wäre der Torf wohl fort gewesen. Ja sagte Er, denn braucht Ihr jetz auch ja nicht so viel zu graben. Ich sagte nein, daß dürfen wir auch nicht. Ich fragte: seid Ihr schon nach Moor gewesen? nein sagten Sie, Morgen soll es los gehen. Ich fragte: seid Ihr zu Melken gewesen? Sie sagten ja, u. wir warten nach Irene, Die ist auf dem Ponny nach Hermann Looft in Oesterade, denn wollten wir den Ponny wieder in der Koppel lassen. Ich sagte: ich habe Sie auch reiten sehen, Sie kommt dort unten auf der Chaussee auch schon. Ja sagte Thies Gosch, denn will ich den Ponny hier sofort auf der Koppel lassen, welches Er denn auch that.

In der Nacht vom 17 auf den 18 Mai 1905 fuhren Nachts mehrere Wagen, denn fragte ich meinem Manne am 18 Mai d.J. morgens, was ist da los gewesen, denn es fuhren diese Nacht mehrere Wagen. Mein Mann sagte, ich weiß es nicht.

Da wir noch ein paar Tonnen Kartoffeln übrig hatten, blieb mein Mann am 18 Mai 1905 im Hause u. machte die Kartoffeln in Ordnung, denn wollte Claus Klehn sie nachmittags mit nach dem Bahnhof nehmen, dann kam sein Knecht Johannes Metro mittags u. holte unsere Kartoffeln. Als Er fort war sagte mein Mann, der Knecht sagte mir eben, Hermann Klehn soll Sonnabend wieder hin nach Kiel u. muß sich einer Operation unterziehen. Ich fragte Ihm, was glaubst Du davon, sollte Hermann Klehn auch

Ritzebüttel den 26 Mai 1905.

Sr. Majestät Kaiser u. König.

Dieweil es immer noch nicht aufhört mit dem Hexen treiben, sehe ich mich veranlaßt, Ew. Majestät nochmals eine Erörterung der Leute zur gütigen Einsicht zu unterbreiten.

Den 17 Mai 1905 abends holte ich mir etwas Torf herein, dann weilten Hinr. Hoth u. Adele Hoth hier bei unserem Hause u. Hinr. Hoth sagte zu mir, Ketchen, du hast ja noch viel Torf. Ich sagte ja, wir haben auch ja keinen Winter gehabt, sonst wäre der Torf wohl fortgegangen. Da sagte Er, dann braucht Ihr ja auch ja nicht so viel zu graben. Ich sagte nein, das dürfen wir auch nicht. Ich fragte: seid Ihr schon ~~auch~~ nach Moor gewesen? nein sagten Sie, Morgen soll es los gehen. Ich fragte: seid Ihr zu Melken gewesen? Sie sagten ja, u. wir warten noch Ihnen, Die ist auch dem Jungen nach Hermann Lochte in Ostenwalde, dann wollten wir den Jungen wieder in der Koppel lassen. Ich sagte: ich habe die auch reiten sehen, die kommt der Tauben auf der Chaussee auch schon. Da sagte Hinr. Hoth, dann will ich den Jungen hier sofort auf der Koppel lassen, welches Er denn auch that.

In der Nacht vom 17 auf den 18 Mai 1905 fuhren Nachts mehrere Wagen, dann fragte ich meinen Mann am 18 Mai d. J. morgens, was ist da los gewesen, denn es fuhren diese Nacht mehrere Wagen. Mein Mann sagte, ich weiß es nicht.

Da wir noch ein paar Tonnen Kartoffeln übrig hatten, blieb mein Mann am 18 Mai 1905 im Hause u. machte die Kartoffeln in Ordnung, denn wollte Claus Elsche sie nachmittags mit nach dem Bahnhof nehmen, dann kam sein Knecht Johannes Peters mittags u. holte unsere Kartoffeln. Als Er fort war sagte mein Mann, der Knecht sagte mir aber, Hermann Elsche soll sonderbar sein, der sei nach Kiel u. muß sich einer Operation unterziehen. Ich fragte Ihn, was glaubst du davon, sollte Hermann Elsche auch

Besitzer werden sollen? ach, sagte mein Mann, daß kann Er so ja nicht, denn muß Claus Klehn auch doch ja mit. Ich sagte: das kann Sonnabend auch ja angehen u. fragte: wer hat die Frau Klehn u. Hermann Klehn am 17 Mai d.J. morgens nach dem Bahnhof gefahren? Er sagte: das hat Claus Klehn gethan. Ich fragte: wer hat Sie abends wieder geholt? Er sagte: das weiß ich nicht, denn der Wagen war noch da als ich weg ging. Ich sagte: mir ist nichts bewußt, denn ich konnte ja ganz u. gar keine Aufklärung kriegen von dem Invaliden-Gesetz u. kann es auch nicht wissen wie es damit ist. Ich habe es mitunter in der Zeitung gelesen, wenn Jemand einen Unfall erlitten hatte u. sein Hausherr etwas daran verschuldet hätte, daß Sie den Leuten denn viel Geld geben müssen u. wenn das denn auch der Fall wäre in meiner Sache, denn könnten die Leute ja man bezahlen, denn diese Alle, die hier so gewüthet haben, Die haben ja Vermögen genug, denn immer mit dem Testamentieren, das bedeutet doch was, sonst thäten Sie es nicht u. was soll solches Treiben, daß ist doch ja ganz schrecklich, was habe ich nun in diesen Jahren durchmachen müssen.

Am 19 Mai 1905 kehrte der Waarenhändler Schrum ein u. sagte: Frau Wegner, was ist es warm, es könnte nun auch bald mal Gewitter geben. Ich sagte ja, das kann es auch, wenn es denn man nicht so heftig wird, denn laßt es man kommen. Ja sagte Er, wenn es aber regnen wird, denn machen Sie doch bloß Ihren Torf besser in Ordnung. Ich sagte: früher als ich gesund war habe ich das alles besorgt, aber jetz ist mir solches unmöglich. Als Er von Oesterrade kam fragte ich, was giebt es da denn? ach sagte Er, da ist nichts los. Ich sagte: Lehrer Thiedemann jagte hier ja schon wieder vorbei.

Als mein Mann abends zu Hause kam war Er auch mürrisch u. sagte: ich hätte Wilhelmine Thießen unser Haus verwiesen. Ich fragte: wer sagt das? das sage ich Dir nicht sagte Er. Ich sagte:

besitzer werden sollen? Ich fragte meinen Mann, das kann Er so genau nicht,
denn muß Klaus Klehe auch doch genau mit. Ich sagte: das kann Sonna-
bend auch sie anziehen u. fragte: wer hat die Frau Klehe u. Ihre
neuen Klehe am 17 Mai d. J. morgens nach dem Bahnhof gefahren.
Er sagte: das hat Klaus Klehe gethan. Ich fragte: wer hat Sie abends
wieder geholt? Er sagte: das weiß ich nicht, denn der Wagen war
weiter als ich weg ging. Ich sagte: mir ist nichts bewußt, denn ich
konnte ja ganz u. gar keine Aufklärung bringen von dem
Invaliden=Gesetz u. konne es auch nicht wissen wie es damit ist. Ich
habe es mitunter in der Zeitung gelesen, wenn Jemand einen
Unfall erlitten hatte u. sein Hausherr etwas daran verschuldet
hätte, daß Sie den Leuten dann viel Geld geben mußten u. wenn
das dann auch der Fall wäre in meiner Sache, dann konnten die
Leute ja mehr bezahlen, denn diese Alle, die hier so gemacht ha-
ben, die haben ja Vermögen genug, denn immer mit dem Testa-
mentieren, das bedeutet doch was, sonst hätten Sie es nicht u. was
soll solches werden, das ist doch ja ganz schrecklich, was habe ich nun
in diesen Jahren durchmachen müssen.

Am 19 Mai 1905 kehrte der Maurerhändler Schramm ein u. sagte:
Frau Wagner, was ist es denn, es könnte nun auch bald mal Ge-
witter geben. Ich sagte ja, das kann es auch, wenn es dann man
nicht so heftig wird, dann laßt es man kommen. Ich sagte Er, wenn
es aber regnen wird, dann machen Sie doch bloß Ihren Torf besser
in Ordnung. Ich sagte: früher als ich gesund war habe ich das al-
les besorgt, aber jetzt ist mir solches unmöglich. Als Er von Oster-
wald kam fragte ich, was giebt es da denn? Ach sagte Er, da ist
nichts los. Ich sagte: Lehrer Hindemann jagte hier ja schon wie-
der vorbei.

Als mein Mann abends zu Hause kam war Er auch neugierig u.
sagte: ich hätte Wilhelmine Thießen in unser Haus gehen sehen. Ich
fragte: wer sagt das? das sage ich dir nicht sagte Er. Ich sagte:

als Wilhelmine Thießen hier zuletzt war, meinte Sie, wenn wir unsern Sohn noch hätten, Der könnte mir doch vieles helfen oder manches abnehmen. Ich sagte aber zu Ihr, ich weine mein Kind nicht mehr nach, denn wenn Der solches erleben müßte, als was ich erleben muß, denn wollten wir Den lieber ruhen lassen. Sie sollte aber man darüber nach denken, was wir gesprochen hätten in diesen Jahren, daß Sie es wüßte wenn es verlangt würde, wenn Sie aber was anderes gemacht hätte, daß wollte ich nicht haben. Sie sagte aber, ach Antje Wegner u. ging eiligst fort. Nun soll mich doch mal verlangen, wann Sie wieder kommt, sollst man sehen, das wird vielleicht garnicht lange dauern. Was ist das aber überreden die Leute Dich? nein sagte Er, ich sagte: denn sei vernünftig, denn die Leute wüthen vielleicht so arg, daß Sie uns Beiden aus einander treiben, denn ich habe Dich gefragt, ob Du die Porto dazu bezahlen wolltest u. Du sagtest ja u. was ich am Tage mit den Leuten gesprochen habe, daß habe ich Dir abends gesagt u. ich stellte Ihm alle Punkte vor, was ich in den Aemtern u. mit meiner Sache alles durch gemacht hatte u. sagte: mache mir es mal nach, denn schweigst Du aber. Ja sagte Er, Johann Thode erzählte mir es auch von Hermann Klehn. Ich sagte: das kann Er ja auch gerne, denn schweige Du, denn Johann Thode ist hier auch gewesen zu reden, aber wenn Sie von uns sind sagen Sie vielleicht ganz anders. Du bist nun so lange Jahre bei Claus Klehn gewesen, aber es scheint mir, je länger Du da bist, je härter wirst Du mir u. warum thust Du das? denn ich bin krank u. arbeiten kann ich nicht u. wenn andere Leute denn so herum wüthen, Die müssen sich doch furchbar schämen. Die Leute müssen es aber Alle selbst wissen, denn wenn ich so herum treiben sollte, wie Sie hier gethan haben, das kann ich garnicht, daß habe ich noch niemals gethan. Wenn ich Streitigkeiten gemacht hätte in als Wilhelmine Thießen hier zuletzt war, meinte Sie, wenn wir unsere Sache noch hätten, der könnte mir doch etwas helfen oder manches abnehmen. Ich sagte aber zu Ihr, ich meine mein Kind nicht mehr noch denn wenn der solches erleben mußte, als was ich erleben muß, denn wollten wir den lieber ruhen lassen. Sie sollte aber mal darüber nach denken, was wir gesprochen hätten in diesen Jahren, daß Sie es wüßte wenn es verlangt würde, wenn Sie aber was anderes gemacht hätte, daß wollte ich nicht haben. Sie sagte aber, ach Antje Wagner u. gingen eiligst fort. Nun soll mich doch mal verlangen, wenn Sie wieder kommt, sollst mal sehen, das wird vielleicht gar nicht lange dauern. Was ist das aber über einen die Leute Dich? Nein sagte Er, ich sagte: denn sei vernünftig, denn die Leute suchen vielleicht so arg, daß Sie uns beiden auseinander treiben, denn ich habe Dich gefragt, ob du die Porto dazu bezahlen wolltest u. du sagtest ja zu, was ich am Tage mit den Leuten gesprochen habe, daß habe ich dir ebenso gesagt u. ich stellte Ihm alle Punkte vor, was ich in den Ämtern u. mit meiner Sache alles durchgemacht hatte u. sagte: mache mir es mal nach, dann schweigst du aber. Er sagte Er, Johann Thöde erzählte mir es auch von Hermann Klaaßen. Ich sagte: das kann Er auch so gern, denn schweige Er, denn Johann Thöde ist hier auch gewesen zu reden, aber wenn die von uns hier sagen Sie vielleicht ganz anders. Du bist nun so lange Jahre bei Klaus Klaaßen gewesen, aber es scheint mir, je länger du da bist, je härter wirst du mir u. warum thust du das? denn ich bin krank u. arbeiten kann ich nicht u. wenn andere Leute dann so herum reden, die müßten sich doch furchbar schämen. Die Leute müßten es aber Alle selbst wissen, denn wenn ich so herum treiben sollte, wie die hier gethan haben, das kann ich gar nicht, daß habe ich noch niemals gethan. Wenn ich Streitigkeiten gemacht hätte in *diesen Jahren, glaube ich sicher, ich wäre längst bestraft geworden. Ich freue mich aber, daß ich aufgepaßt habe u. mir meine besonderen Erlebnisse angemerkt habe, ich glaube aber nicht, daß die Leute es wissen, hauptsächlich von den Jahren wie ich Karte No. 1 klebte, denn ich verhielt mich immer ruhig. Wenn Sie Streitigkeiten machten, so schrieb ich es nieder u. wenn ich bei den Leuten kam war ich eben so freundlich als sonst, ich trug alles mit Geduld u. wenn ich gefragt wurde so sagte ich die Wahrheit, die Leute haben vielleicht aber immer geglaubt, ich sei so dumm u. wisse nichts, denn sollen Sie sich aber wundern.*

Den 20 Mai 1905 trat Hans Lemburg ein u. wir fragten nach unsere Tochter, ob Sie es gut hätte? Er sagte ja, daß glaube ich, ich habe nichts gehört, es ist da wohl alles in bester Ordnung. Dann kehrte Susanna Thode ein u. wollte ein Weißbrot zu 20 Pf. haben, welches ich Ihr auch gab. Dann sprachen wir über der Arbeit.

Danach trat der Schuhmacher Dehn aus Oesterade ein u. sagte: Er wolle Johann Möller seine Schuhe hier bei mir einsetzen, Johann Möller wird sie hier abholen, die Schuhe müssen ja in Ordnung zum Ringreiterfest, denn ich wollte noch mal nach Detlef Henschen. Ich sagte: das kann auch so angehen, wenn Er die Schuhe hier holen will, denn kannst Du sie hier man lassen, denn will ich es wohl besorgen.

Dann erzählte mein Mann mir, daß Johann Klehn am Tage bei Ihm im Moor gewesen wäre u. hätte Ihm es gesagt von Hermann Klehn, daß die Operation an Ihm an dem Tage vollzogen werden sollte, es sollte Ihm von der Nase bis zum Ohr geöffnet werden. Ich fragte: wann sind Sie denn abgereist? Er sagte: Claus Klehn u. Hermann Klehn sind heute vormittag mit dem Zuge, der halbzehn Uhr aus Albersdorf fährt abgereist.

diesen Jahren, glaube ich sicher, ich wäre längst bestraft geworden.
Ich kenne mich aber, was ich aufgeheftet habe u. mit meinen bösen
Nerven selbst erlebt angenommen habe, ich glaube aber nicht, daß die
Leute es wußten, hauptsächlich von den Jahren wo ich Karte No. 1
klebte, denn ich verhalt mich immer ruhig. Wenn die Streitig-
keiten anfingen, so schrieb ich es nieder u. wenn ich bei den Leuten
kam war ich aber so freundlich als sonst, ich trug alles mit Ge-
duld u. wenn ich gefragt wurde so sagte ich die Wahrheit, die
Leute haben vielleicht aber immer geglaubt, ich sei so dumm
u. wüßte nichts, dann sollen sie sich aber wundern.

Den 20 Mai 1905 trat Claus Lamburg ein u. wir fragten nach un-
serer Tochter, ob sie es gut hätte. Er sagte ja das glaube ich, ich habe
nichts gehört, es ist doch wohl alles in bester Ordnung.

Dann setzte sich seine Frau ein u. wollte ein Weißbrot zu
20 Pf. haben, welches ich Ihr auch gab. Dann sprachen wir über
der Arbeit.

Danach trat der Schuhmacher Asher aus Osterrade ein u. sagte:
er wollte Johann Möller seine Schuhe hier bei mir niedersetzen;
Johann Möller wird sie hier abholen, die Schuhe müßten gar in
Ordnung zum Ringreiterfest, denn er wollte nochmal nach
Detlef Hansen. Ich sagte: das kann auch so angehen, wenn
er die Schuhe hier hinsetzen will, dann kannst Du sie hier man lassen;
denn will ich es wohl besorgen.

Dann erzählte mein Mann mir, daß Johann Klahn am Tage
bei Ihrem Moor gewesen wären u. hätten Ihm es gesagt von
Hermann Klahn, daß die Operation an Ihm an dem Tage voll-
zogen werden sollte, es sollte Ihm von der Nase bis zum Ohr
geöffnet werden. Ich fragte: wann sind sie denn abgereist?
Er sagte: Claus Klahn u. Hermann Klahn sind heute vormittag mit
dem Zuge, der halb zehn Uhr von Albersdorf fährt abgereist.

Transport

Denn will Claus Klehn da erst einige Tage bleiben u. nachher will Johann Klehn hin, denn kommt Claus Klehn wieder. Ich sagte: wenn Sie heute vormittag abgereist sind u. sich es wirklich so verhält wie Du sagst, denn kommen Sie erst nachmittags in Kiel u. Morgen ist Sontag, daß scheint mir sonderbar, übrigens glaube ich, der Herr Dr. Schaumann will den richtigen Grund wohl wissen u. denn muß vielleicht der Professor in Kiel auch noch sein Gutachten abgeben. Mein Mann sagte: mich soll doch mal verlangen wie das wird. Ich sagte: das kann ja gerne sein, daß Hermann Klehn an seinem Gehör leidet, als Er hier am 12 und 13 April d.J. mit in unserm Garten wüthete, da konnte Er gut hören. Ja sagte mein Mann, mitunter kann Er gut hören, ich glaube, Er hat sich erkältet, wenn Er nicht hören kann. Ich sagte: das haben mehr Leute u. das ist ja immer so gewesen mit Ihm, warum thun die Leute es jetz denn? Sie hätten solches auch ja schon früher thun können. Ja, daß weiß ich nicht sagte mein Mann. Ich sagte: alles solches, daß müssen die Leute selbst wissen. Es ist mir merkwürdig, mir wird garnichts gesagt davon u. Dir wird alles erzählt. Ich habe Dir es ja in den Jahren immer gesagt wie es auf dem Amte herging, daß da lange Finger waren u. ich Ihnen nichts glaubte, Du hast mich aber immer zurückgewiesen, bis ich mich 1897 gegen dem Revisor aus Kiel weigerte, niemals wieder auf dem Amt zu gehen. Deßhalb sage ich Dir, alle Leute, die mit mir in diesen Jahren gesprochen haben u. nach meiner Meinung hier immer herum lauern, möchte ich wissen, was Diese über mich reden. In Meldorf scheint mir, ist es eben so, denn ich war am 6 September 1901 wegen meiner richtigen Invalidität vorgeladen u. als ich da war, sollte ich nichts sagen, was sollen wir da denn? darum habe ich mich auch nicht gefürchtet u. mich fest entschlossen, wenn der Vorstand der Landesversicherungsanstalt u. das Schiedsgericht mich

w. ll.
v. 11.5.
1905

Dann will Claus Klahn derzeit einige Tage bleiben und nachher will Johann Klahn hin, dann kommt Claus Klahn wieder. Ich sagte: wenn Sie heute vormittag abgereist sind u. sich das wirklich so verhält wie du sagst, dann kommen Sie doch nachmittags in Kiel u. Morgen ist Sonntag, das scheint mir sonderbar, übrigens glaube ich, der Herr Dr. Schwannmann will den richtigen Grund wohl wissen u. dann muß vielleicht der Professor in Kiel auch noch sein Gutachten abgeben. Mein Mann sagte: mich soll doch mal verlangen wie das wird. Ich sagte: das kann ja gern sein, daß Hermann Klahn an seinem Gehör leidet, als Er hier am 12 u. 13 April d. J. mit in unseren Garten machte, da konnte Er gut hören. Da sagte mein Mann, mitunter kann Er gut hören, ich glaube, Er hat sich erkältet wenn Er nicht hören kann. Ich sagte: das sagen mehr Leute u. das ist ja immer so gewesen mit Ihm, warum thun die Leute es jetzt denn? Die hätten solches auch ja schon früher thun können. Ja, das weiß ich nicht sagte mein Mann. Ich sagte: alles solches, das müssen die Leute selbst wissen. Es ist mir nur traurig, mir wird garnichts gesagt, aber u. der wird alles erzählt. Ich habe dir es ja in den Jahren immer gesagt wie es auf dem Amte herging, daß da lange Finger waren u. ich Ihnen nichts glaubte, Du hast mich aber immer zurückgewiesen, bis ich mich 1897 gegen dem Kassirer weigerte, mir als Kinder auf dem Amte zu gehen. Deshalb sage ich dir, alle Leute, die mit mir in diesen Jahren gesprochen haben u. nach meiner Meinung hier immer herum lauern, müssen sich erst wissen, was Sie über mich reden. In Meldorf scheint mir, ist es eben so, denn ich war am 6 September 1901 wegen meiner richtigen Invalidität vorgeladen u. als ich da war, sollte ich nichts sagen, was soll man da denn? darum habe ich mich auch nicht gefürchtet u. mich fest entschlossen, wenn der Vorstand der Landesversicherungsanstalt u. das Schiedsgericht

verwiesen, so sollte unser Kaiser doch mal wissen wie die Unterthanen behandelt werden. Ich habe mich lange zurückgehalten u. den Leuten Zeit genug gelassen, sich zu besinnen, Sie werden aber ja immer ärgerer wüthen, denn müssen Sie es selbst wissen.
Am 21 Mai 1905 frühmorgens holte Johann Möller seine Schuhe hier ab u. ich sagte: heute wird es ja ein herrlicher Tag für Euch. Ja sagte Er, das wird es auch.
Gleich danach kehrte Wilhelmine Thießen ein u. wollte ein Weißbrot zu 20 Pf. haben, welches ich Ihr auch gab. Sie blieb aber bei der Hausthür stehen. Ich sagte zu Ihr, gehe hinein in der Stube, nein, sagte Sie, ich will nicht hinein. Ich sagte: daß muß Du selbst wissen. Als Sie fort war sagte ich zu meinem Manne, was sagst Du nun? Sie kommt doch schon wieder, habe ich Dir es nicht gesagt, es scheint aber ja, als wenn Sie sich fürchtet, denn Sie wollte ja garnicht in der Stube hinein, daß muß Sie denn auch selbst wissen, denn ich habe Ihr unser Haus nicht verwiesen, daß kann Sie mir nicht nach sagen, denn wenn ich das gethan hätte, denn glaube doch nicht, daß Sie wiedergekommen wäre u. mein Mann schwieg.
Vormittags eben nach 10 Uhr kam der Dienstjunge Voß, welcher bei Detlef Henschen im Dienst steht mit einem 10 Markstück u. sollte fragen, ob ich Ihnen es wechseln könne? ich sagte nein, daß kann ich nicht.
Den 22 Mai 1905 trat Wilhelm Köhnke ein u. sagte: was seid Ihr schon beim Abendbrot? ja sagte mein Mann, Du hast Dich auch lange aufgehalten im Dorfe, ja sagte Er, daß habe ich auch. Ich sagte: das muß ein Handelsmann, denn Laufen ist kein Verkaufen, ein Kaufmann muß reden können, sonst taugt Er nichts. Ja Frau Wegner sagte Er, das ist auch wahr. Ich fragte: hast du das Ringreiterfest schon ausgeschlafen? ach sagte Er, ich habe garnicht geschlafen u. Morgenabend geht es wieder los, denn ist wieder Ball bei uns. Mein Mann spaßte u. sagte: nun, denn will ich auch hin. Ja sagte der Kommie, Wegner, ich glaube, da kann ich gerne 100 Mark gegen setzen, Sie

vereinen, so sollte unser Kaiser doch mal wissen wie die Unterthanen be-
handelt werden. Ich habe mich lange zurückgehalten u. den Leuten
Zeit genug gelassen, sich zu besinnen, sie werden aber so immer där-
ger werden, denn müssen Sie es selbst wissen.
Am 21 Mai 1905 frühmorgens holte Johann Müller seine Schuhe hier ab u.
ich sagte: heute wird es so ein herrlicher Tag für euch. Er sagte: das
wird es auch.
Gleich danach kam Wilhelmine Thießen rein u. wollte ein Weißbrot
zu 20 Pf. haben, welches ich ihr auch gab. Sie blieb aber bei der Hausthür
stehen. Ich sagte zu ihr, geh hinein in der Stube, nein, sagte Sie, ich will
nicht hinein. Ich sagte: das muß du selbst wissen. Als Sie fort war
sagte ich zu meinem Mann, was sagst du nun? Sie kommt doch schon
wieder, habe ich dir es nicht gesagt, es scheint aber so, als wenn Sie sich
fürchtet, denn Sie wollte so gewiß nicht in der Stube hinein, das muß
Sie denn auch selbst wissen, denn ich habe Ihr unser Haus nicht verwie-
sen, das kann Sie mir nicht nachsagen, denn wenn ich das gethan
hätte, denn glaube doch nicht, daß Sie wieder gekommen wäre u.
mein Mann schwieg.
Vormittags eben nach 10 Uhr kam der Dienstjunge Most, welcher bei
Detlef Hansen im Dienst steht, mit einem 10 Markstück u. sollte fra-
gen, ob ich ihm es wechseln könne? ich sagte nein, das kann ich
nicht.
Am 22 Mai 1905 trat Wilhelm Röschmann rein u. sagte: was seid Ihr
schon beim Abendbrot? Er sagte mein Mann, du hast dich wohl lan-
ge aufgehalten im Dorfe, er sagte ja, das habe ich auch. Ich sagte: das
muß ein Handelsmann, denn Laufen ist kein Verkaufen, ein Kauf-
mann muß warten können, sonst taugt er nichts. Er Frau Wagner
sagte so, das ist auch wahr. Ich sagte: hast du das Kind heute Nacht schon
was geschlafen? doch sagte sie, ich habe gar nicht geschlafen u. Morgen-
brüht geht es wieder los, denn ist wieder Ball bei uns. Mein Mann
seufzte u. sagte: nun, denn will ich auch hin. Er sagte der Kommis
Wagner, ich glaube, da ~~da~~ kann ich gern 100 Mark gegen setzen, Sie

kommen doch nicht. Ja sagte mein Mann, wenn ich da 100 Mark mit verdienen kann, denn muß ich ja hin. Ja sagte Wilhelm Köhnke, die Frau muß auch mit. Ich sagte: laßt mich doch bloß in Ruhe, denn hin gehen kann ich nicht u. wenn Ihr mich auch auf einen Wagen hinfahren wollt, so kann ich es doch nicht. Ja sagte Wilhelm Köhnke, Frau Wegner, denn kriegt Ihr Mann noch eine junge Dame. Ich sagte: das kann Er auch ja gerne u. Sie lachten doch so furchbar. Dann sagte Wilhelm Köhnke, Hermann Looft wird Morgenabend seine Verlobung feiern, dann kommen die Verheirateten, ja sagte mein Mann, denn muß ich ja man hin, denn giebt es ja etwas umsonst, ja sagte der Kommie, das kostet nichts, denn kommen Sie man hin. Als Wilhelm Köhnke fort war erzählte mein Mann, Johann Klehn und sein Knecht Bernhard Peters seien auch im Moor gewesen. Ich fragte: hatten Sie heute denn auch noch was wieder zu reden von Hermann Klehn? ja sagte mein Mann, Johann Klehn erzählte mir, Er sei durch die Nase gebrannt worden.
Am 23 Mai 1905 kehrte Wilhelm Köhnke wieder ein u. ich fragte Ihm, ist Christian König gestern Mittag, als dem 22 Mai d.J. bei Euch gewesen? ja sagte Er Frau Wegner was denn? ich fragte: hatte Er was zu melden? daß weiß ich nicht sagte Er. Ich fragte: oder ist Er auch noch nach dem Vertrauensmann Johann Tödter gewesen? denn Johann Tödter aus Oesterrade u. Johann Lohmann aus Süderrade fuhren hier nachher vorbei nach Albersdorf. Nein Frau Wegner sagte Er, da weiß ich nichts von. Ich sagte: gestern wurde es regnen u. dann holte ich mir Torf hinein u. der alte Thies Gosch wanderte hier bei unserm Hause, welches Er ganz öfters thut u. sagte zu mir, Antje, was ist es kalt. Ich sagte ja, das ist es. Dann ging Johann Ploog vorbei u. diese Beiden gingen zu Hause. Gleich danach kam Christian König auf seinem Rade, da von hinten her jagen u. auf der Chaussee kam Er nicht. Denn sah ich nach u. Er lauerte wieder hinter unserm Busch, dann sprang Er auf seinem Rade u. jagte furchbar nach Oesterrade. Ich kann es ja nicht u. mein Mann hat auch noch keine Zeit, sonst soll der Busch da weg, denn es scheint ja, als wenn die Leute hier immer herumlauern, ob Christian König benachrichtigt worden ist,

kommen doch nicht. Er sagte mein Mann, wenn ich die 100 Mark nicht werde verdienen können, dann muß ich gehen. Er sagte Wilhelm Köhnke, die Frau muß auch mit. Ich sagte: laßt mich doch bloß in Ruhe, denn hingehen kann ich nicht u. wenn Ihr mich auch auf einem Wagen hin fahren wollt, so kann ich es doch nicht. Er sagte Wilhelm Köhnke, Frau Wagner, dann bringt Ihr Mann noch einen jungen Dame. Ich sagte: das kann er auch so gerne u. die lachten doch so furchtbar. Dann sagte Wilhelm Köhnke, Hermann Loeft wird Morgenabend seine Verlobung feiern, dann kommen die Verheirateten, er sagte mein Mann, dann muß ich gewiß hin, denn giebt es ja etwas umsonst, er sagte der Kommin, das kostet nichts, dann kommen Sie man hin. Als Wilhelm Köhnke fort war erzählte mein Mann, Johann Klahn u. sein Knecht Bernhard Scharf seien auch im Moor gewesen. Ich sagte: hätten die heute denn auch noch etwas wieder zu reden von Hermann Klahn. Er sagte mein Mann, Johann Klahn erzählte mir, er sei durch die Nase gebrannt worden. Am 23 Mai 1905 kehrte Wilhelm Köhnke wieder ein u. ich sagte Ihm, ist Christian König gestern Mittag, als den 22 Mai d. J. bei euch gewesen? Er sagte er Frau Wagner was denn? ich sagte: hatte er was zu melden? Das weiß ich nicht sagte er. Ich sagte: aber ich traue noch dem Vertrauensmann Johann Södter gewesen sei? dann Johann Södter aus Osterende u. Johann Lohmann aus Süderende fahren hier welcher vorbei nach Albersdorf. Nun Frau Wagner sagte er, darum weiß ich nichts von. Ich sagte: gestern wurde es regnen u. dann sollte ich nur doch hin u. der alte Hans Jochen wanderte hier bei unserem Hause, welches Franz Peters hütet u. sagte zu mir, Ach was ist es kalt. Ich sagte ja, das ist es. Dann ging Johann Haag vorbei u. diese beiden gingen zu Hause. Gleich darnach kam Christian König auf seinem Rade, der von hinten her zu gegen u. auf der Chaussee kam er nicht. Dann sah ich nach u. er lauerte wieder hinter unserem Busch dann sprang er auf seinem Rade u. jagte furchtbar nach Osterrade. Ich kann es ja nicht u. mein Mann hat auch auf keinen Zeit sonst soll der Busch weg, denn es scheint ja, als wenn die Leute hier immer herum lauern, ob Christian König bemerkt worden ist,

sonst vormittags hatte ich Ihn nicht gesehen, denn müssen Sie ja da hinten über die Steige gegangen sein, hier ist Keiner vorbei gekommen. Einen Thelephon haben wir hier ja nicht von Haus zu Haus, sonst wäre das Thelephonieren ja noch leichter u. Wilhelm Köhnke lachte furchbar. Dann sprachen wir über die Verlobung u. ich fragte, wie viele Geschwister Hermann Looft hatte? Er sagte: im Ganzen sind Sie 11 Geschwister, eine Schwester ist erst verheiratet u. nun verheiraten sich Drei auf einmal. Ich sagte: ja das kommt so mit, wenn erst Einer heiratet, denn kommen bald mehr.
Den 24 Mai 1905 morgens holte ich mir einen Eimer Wasser aus dem Brunnen. Dann ging Hans Gosch vorbei u. grüßte mich, welches ich denn auch that. Dann ging seine Tochter Adele Gosch sogleich vorbei u. ich fragte Ihr, hast Du schon wieder ausgeschlafen? ach, Antje Wegner sagte Sie, wo soll ich von ausschlafen. Ich fragte: bist Du nicht nach Hermann Looft seine Verlobung gewesen? Sie sagte nein, sind da denn welche aus dem Dorfe hin gewesen? ich sagte ja, Paul Sönksen seine jungen Leute u. Hans König u. seine Frau, Die habe ich gesehen, Die sind heute morgen erst wieder gekommen. Nein sagte Sie, da bin ich nicht hin gewesen.
Am 25 Mai 1905 abends erzählt mein Mann mir, Claus Klehn u. Hermann Klehn seien am 24 Mai 1905 abends von Kiel wieder gekommen u. sollen am 30 Mai d.J. nochmals wieder zur Nachsicht nach Kiel. Ich fragte: wer sagte das? Er sagte: Hermann Klehn war auf der Straße, als ich vom Moor kam, Der hat mir es gesagt.
Solches Ew. Majestät unterthänigst unterbreitent.

Zeichnet Ergebenst
Frau Antje Christine Wegner
fr. Brotträgerin. *geb. Höhrmann*

sonst vormittags hatte ich ihn auch gesehen, dann müssen die zu der Zeit hinten über die Brücke gegangen sein, hier ist keiner vorbei gekommen. Einen Schlachter haben wir hier, zu nichts von Haus zu Haus, sonst würde das Fehl- schwarzen zu verschleissen u. Wilhelm Rohlfs brachte hierher. Dann sprachen wir über die Verlobung u. ich fragte, wie viele Geschwister Hermann Loof hatte? Er sagte: im Ganzen sind die 11 Geschwister, eine Schwester ist erst verheiratet u. nun verheiraten sich drei auf einmal. Ich sagte: ja das kommt so mit, wenn erst einer heiratet, dann kommen bald mehr.

Den 24 Mai 1905 morgens holte ich mir einen Eimer Wasser aus dem Brunnen. Dann ging Hans Josh vorbei u. grüßte mich, weil ich da auch stand. Dann ging seine Tochter Adele Josh zugleich vorbei u. ich fragte Ihr: hast du schon wieder ausgeschlafen? u. ich, Antje Wagner, sagte die, wo soll ich wohl ausschlafen. Ich fragte: bist du nicht nach Hermann Loof seine Verlobung gewesen? Sie sagte: nein, sind da denn welche aus dem Dorfe hin gewesen? u. ich sagte ja, Paul Voutsen seine jungen Leute u. Hans König u. seine Frau, die habe ich gesehen, die sind heute Morgen erst wieder gekommen. Nein, sagte sie, da bin ich nicht hin gewesen.

Am 25 Mai 1905 abends erzählte mein Mann mir, Claus Klahn u. Hermann Klahn seien am 24 Mai 1905 abends von Kiel wieder gekommen u. sollen am 30 Mai d. J. nach Amerika wieder zur Nacht nach Kiel. Ich fragte: wer sagte das? Er sagte: Hermann Klahn war auf der Straße, als ich vom Moor kam, der hat mir es gesagt.

Solches Ew. Majestät unterthänigst unterbreitet.

Zeichnet ergebenst

Frau Antje Christine Wagner

Fr. Brotträgerin.

geb. Hohmann.

Briefe an den Kaiser

Kaiser Wilhelm II. als Adressat

Die wohl bemerkenswerteste Auffälligkeit bei einer ersten Betrachtung des Briefkonvoluts ist der Adressat: der Kaiser und König in Berlin. Nachdem Wilhelm I. von Preußen im Jahr 1871 in Versailles zum Deutschen Kaiser ausgerufen wurde, ist seit 1888 sein Enkel Wilhelm II. Kaiser[16].

Alle vorliegenden Briefe sind an „Se. Majestedt Kaiser u. König in Berlin“ adressiert; jeder Brief beginnt mit der Anrede „Se. Majestät Kaiser u. König“. In den frühen Schriften aus dem Jahr 1905 wendet sich Antje Wegner in einem Einleitungs- und Schlußsatz konkret an den Kaiser; dies ist jedoch in allen späteren Briefen nie mehr der Fall. Von einer einzigen Bemerkung abgesehen, in der sich die Verfasserin für das Verbrennen einer Liste entschuldigt, die sie normalerweise in ihre Ausführungen einbaut, wird der Monarch nie direkt angesprochen.

Der private Schriftverkehr setzt im allgemeinen voraus, daß zwischen dem Absender und dem Empfänger eines Briefes eine „konkrete Beziehungsstruktur“[17] besteht. Als Grundlage für das Verstehen des Inhalts gelten ein gemeinsamer Hintergrund und Kenntnisse über den Alltag des anderen. Der Privatbrief soll ein Gespräch ersetzen, das aufgrund räumlicher Trennung nicht möglich ist[18]. Daher stellt sich die Frage, warum Antje Wegner gerade den Kaiser als Adressaten ihrer Briefe wählt.

Da mit großer Wahrscheinlichkeit ausgeschlossen werden kann, daß Antje Wegner je persönlich mit dem Kaiser gesprochen hat und sich auch in den ersten Briefen keine Erklärungen zu ihren persönlichen Lebensumständen finden, muß ihr Schreiben auf der Gewißheit beruhen, daß der Monarch die dörflichen Verhältnisse in seinem Land kennt und an regelmäßigen Informationen über die Verhältnisse interessiert ist. Das kontinuierliche Verfassen der Briefe über mindestens acht Jahre hinweg deutet zudem auf das sehr starke Vertrauen hin, daß der Kaiser – obwohl er persönlich nicht reagiert – ihre Beobachtungen und Erlebnisse bei seiner Entscheidungsfindung verwendet. Bei einem Besuch ihres Arztes erwähnt sie: „... ich kann es nicht leisten, aber ich thue, was ich kann, denn ich bin der Meinung, daß meine Erlebnisse hin nach Berlin müssen.“

Diese Einstellung zu dem Kaiser kann verschiedene Gründe haben. Ausgeschlossen werden kann mit Sicherheit die Schulzeit Antje Wegners von 1860 bis 1868 in der Volksschule Albersdorf. Die Eingliederung Schleswig-Holsteins in das Königreich Preußen findet im Jahr 1867 statt, und dieser stehen die Dithmarscher zunächst ablehnend oder doch kritisch gegenüber. Erst durch den 1870/71 geführten Deutsch-Französischen Krieg setzt sich der nationale Gedanke zunehmend in Schleswig-Holstein durch. Nachdem Wilhelm I. 1871 zum Deutschen Kaiser ausgerufen worden ist, sind mehr und mehr Dithmarscher stolz, zu Preußen zu gehören. Dementsprechend wird die Schulzeit der beiden Töchter der Verfasserin, Christine und Catharina, die die Volksschule in Osterrade vermutlich zwischen 1886 und 1898 besuchen, durch ein sehr positives Kaiserbild geprägt. In diesen Jahren vermitteln die preußischen Schulbücher ein Bild des Kaisers, das ihn als „freundlich, kontaktfreudig, kinderlieb und volksnah“[19] darstellt und das neben seiner Bescheidenheit und seinem Fleiß vor allem „seine Erziehung zu Mitleid und Wohltätigkeit gegen Arme“[20] betont. Es kann jedoch nicht nachvollzogen werden, ob die Verfasserin hierdurch beeinflußt wird.

Kaiser Wilhelm II., um 1901

Eine weitere Möglichkeit der Vermittlung eines sehr positiven Kaiserbildes ist die Zeitungslektüre. Da Bücher im allgemeinen noch Ende der 19. Jahrhunderts teuer und demnach den unteren Gesellschaftsschichten kaum zugänglich sind, reagieren die Verlage mit billigeren Massenproduktionen wie Kolportageromanen, Unterhaltungszeitschriften und mehrmals wöchentlich erscheinenden Regionalzeitungen auf das zunehmende Lesebedürfnis dieser Klassen[21]. Im ausgehenden 19. Jahrhundert können sich somit auch Arbeiter eine Lokalzeitung leisten, die als wesentlicher Beitrag zur Bildung der erwachsenen Landbevölkerung anzusehen ist[22]. In Albersdorf und Umgebung ist der „Heider Anzeiger“ eines der wichtigsten Nachrichtenblätter und durch viele Regionalnachrichten und Anzeigen für alle Bevölkerungsschichten interessant. Während die Zeitung 1870 mit einer Auflage von 540 Exemplaren beginnt, werden 1879 bereits jeweils 1500 Exemplare gedruckt, 1887 ca. 2400 Exemplare, und 1904 wird schließlich eine Auflage von 5000 Zeitungen täglich überschritten[23].

Sicher ist, daß auch Antje Wegner die Zeitung „Heider Anzeiger“ abonniert und regelmäßig liest – zumindest in den Jahren 1905 bis 1912, wahrscheinlich jedoch schon seit den 1880er Jahren. Demnach stellt sich die Frage, inwieweit die

Heider Anzeiger

und Zeitung.

Der Heider Anzeiger erscheint täglich mit Ausnahme der Sonn- u. Festtage. Der Bezugspreis mit dem Kreisblatt beträgt für den Monat Dezember 2,50 Goldmark, zuzüglich Bestellgebühr. Nachzahlungen fallen fort.

Anzeigenpreis für die achtgespaltene Colonelzeile 20, Stellengesuche 10, Reklamezeile 80 Goldpfennig. Offerten u. Auskunftsanfragen ist das jeweilige Briefporto beizufügen. — Anzeigen-Annahmeschluß 9 Uhr.

Amtliches Veröffentlichungsblatt für den Kreis Norderdithmarschen.

Nr. 1	Fernsprechanschluß: Nr. 15	Heide, Mittwoch, 2. Januar	Bank-Konto: Westholsteinische Bank Postscheck-Konto Hamburg Nr. 218	56. Jahrg.

Neujahrs-Kundgebungen.

Zum neuen Jahre liegt eine Fülle von Kundgebungen amtlicher Stellen vor, woraus wir die folgenden anführen:

An Heer und Marine.

Der Reichswehrminister Geßler und die Kommandeure der Reichswehr und der Reichsmarine erlassen Neujahrsbefehle im Geiste der hohen Aufgaben der deutschen Wehrmacht.

In einem Erlaß des Reichswehrministers an die Wehrmacht heißt es: Auch beim diesjährigen Jahreswechsel drängt es mich, allen Angehörigen von Heer und Marine meinen wärmsten Dank und Anerkennung für die treue Pflichterfüllung in schwerer Zeit auszusprechen. Berufen zum Schutze der deutschen Heimat hat die Reichswehr voll ihre Schuldigkeit getan und sich damit in weitesten Kreisen des Volkes neues Vertrauen und Ansehen erworben. Für das kommende Jahr vereinigen wir uns zu dem Gelöbnis, daß die Reichswehr allen Schwierigkeiten zum Trotz bleibt die eiserne Klammer der Einheit des Reichs und der unerschütterliche Grundstein der verfassungsmäßigen Ordnung, auf der sich unser Vaterland aufbaut zu Größe und Freiheit.

General von Seeckt wendet sich in folgenden Worten an das Reichsheer: Dem deutschen Reichsheer Glück zum Neuen Jahre! Hinter uns liegt ein Jahr angestrengter und erfolgreicher Arbeit. Das Heer schreitet vorwärts auf dem Wege der Ausbildung und Festigung zum Wohle des Vaterlandes. Warme Anerkennung gilt allen Teilen, Kommandeuren und Truppen, welche für die Aufrechterhaltung der Ruhe und Ordnung im Reiche eingesetzt waren und sind. In musterhafter Disziplin haben sie oft unter den schwierigsten Verhältnissen ihre Schuldigkeit getan und bewiesen, daß in der jungen Wehrmacht die alten Soldateneigenschaften lebendig sind. Besonderen Dank gebührt allen Bestrebungen, welche darauf abzielen, durch die in uns liegende Kraft der Ordnung und Selbständigkeit in den wirtschaftlichen Nöten des Volkes helfen. Wenn uns die Möglichkeit belassen bleibt, auf diesem Wege vorwärts zu schreiten, so wird die Reichswehr immer mehr zu einem segensreichen und ausschlaggebenden Teil der Reichsgewalt werden. Das Heer geht einem nicht leichten Jahr entgegen. Die wirtschaftlichen Schwierigkeiten des Landes lasten schwer auf der Reichswehr. Von ihr wird Aufopferung und selbstlose Hingabe neben stillem Tragen von Entbehrungen verlangt. Ich vertraue darauf, daß das Reichsheer auch diesen Forderungen gewachsen sein und fest stehen wird in Treue, in Gehorsam, in Kameradschaft und in Einigkeit!

An die Reichsmarine erläßt Admiral Behncke folgende Kundgebung: In stillem Schaffen hat die Reichsmarine im verflossenen Jahr an ihrer Ausbildung und Festigung gearbeitet. Sie hat im Inlande als zuverlässiger Rückhalt der Regierung gedient und im Ausland durch ihr Auftreten für das Ansehen unseres Volkes geworben. Was trotz aller Hemmungen, die unserer Seegeltung von außen auferlegt sind, und trotz aller Not der Zeit, von der die Marine als Ganzes wie jeder Einzelne betroffen wird, erreicht worden ist, darf uns mit stolzer Befriedigung erfüllen. Auch im neuen Jahre bleiben unsere Augen auf hohe See gerichtet, wo unsere Ziele liegen. Auf den uns gelassenen veralteten Schiffen gilt es, echten deutschen Seemanns- und Soldatengeist lebendig zu erhalten, und wie der Seemann sich erst im Kampf gegen den Sturm, im Ausharren in der Gefahr und im Entbehren in der Not bewährt, so wollen auch wir uns bewähren in dem Kampf und der Not unseres Volkes und im Dienst des Vaterlandes in nie wankender Hoffnung und Begeisterung für seine Zukunft. Das ist unser Gelöbnis und unser Wunsch für das neue Jahr!

Kanzlerworte.

In einem Geleitwort des Reichskanzlers zum Jahreswechsel heißt es: Die deutsche Regierung hat zu Ende des Jahres 1923 den Weg der Verständigung beschritten und sie wird ihn auch 1924 weitergehen ungeachtet der Hindernisse, die sich ihr entgegenstellen. Obwohl aus tausend Wunden blutend, hat das deutsche Volk noch nicht den Mut verloren. Es hofft immer noch, daß es selbst schaffend und Werte erzeugend in freier Arbeit eintreten kann in die Reihe der Nationen, die bestrebt sind, die Wunden der Kriegs- und Nachkriegszeit zu heilen. Wir sind dankbar für jedes Zeichen von Wohlwollen, dankbar auch für jede willige Hilfsbereitschaft in der Welt, sei sie wirtschaftlich oder politisch gedacht. Deutschland hat den Willen zur Mitarbeit und wird ihn durch die Tat beweisen, wenn seine Hände von den Fesseln befreit sind, die sie noch heute an der Mitarbeit in der Reihe aller Nationen behindern.

Stresemann's Ausblick.

Die Zeit enthält einen Ausblick in das neue Jahr vom Reichsminister des Aeußern, in dem Dr. Stresemann u. a. sagt: An die Stelle der Scheinblüte der deutschen Wirtschaft, die das Ausland immer zu einer wirklichen großen Prosperität stempeln wollte, ist jetzt sinnfällig die deutsche Armut getreten. Es ist klar, daß wir Leistungen nach außen in dieser Lage nicht zu übernehmen vermögen. Es ist weiter klar, daß wir einer internationalen Anleihe bedürfen, die uns die Möglichkeit gibt, für unsere Lebensmittelversorgung Nötige herbeizuschaffen, unsere Währung zu stabilisieren und unserer Industrie die notwendigen Rohstoffe zuzuführen, um den Grund zu legen für eine wirkliche deutsche Wirtschaftsprosperität, die auch allein in Zukunft die Trägerin unserer Leistungen sein kann. Und dazu ist notwendig eine Zeit ruhiger Entwicklung, Sicherheit der Grenzen, Wiederherstellung der deutschen Souveränität, kurz, die Geltendmachung der Rechte aus dem Versailler Vertrag seitens Deutschlands und ihre Anerkennung durch die Signatarmächte des Vertrags. Deutschland ohne Ruhr und Rhein ist nicht das Deutschland, das überhaupt Verpflichtungen aus dem Vertrage von Versailles zu übernehmen vermöchte.

Deutsch-österreichischer Glückwunsch-Austausch.

Der Reichspräsident hat dem österreichischen Bundespräsidenten folgendes Telegramm zugesandt: Zum Jahreswechsel spreche ich Ihnen und dem stammesverwandten österreichischen Volke herzlichste Glückwünsche aus. Deutschland gedenkt in dieser Zeit der Not in aufrichtiger Dankbarkeit der vielen Beweise hilfsbereiter Anteilnahme des Brudervolkes. Möge das neue Jahr unsere Länder fördern auf dem Wege der Gesundung und der Wiederherstellung, den Oesterreich zu unserer Freude bereits mit gutem Erfolge beschritten hat.

Dem Reichspräsidenten ging vom österreichischen Bundespräsidenten folgendes Telegramm zu: Anläßlich des Neuen Jahres bitte ich, nebst den wärmsten Wünschen für Ihr persönliches Wohlergehen die Versicherung entgegenzunehmen, daß ganz Oesterreich mit herzlicher Sympathie des schwer geprüften deutschen Brudervolkes gedenkt und die Hoffnung hegt, es mögen auch für Deutschland bald glücklichere und bessere Zeiten kommen.

Die Diplomaten beim Reichspräsidenten.

Nach einer Meldung aus Berlin hat der am Neujahrstage übliche Empfang des diplomatischen Korps beim Reichspräsidenten stattgefunden, zu dem sich die Botschafter, Gesandten und Geschäftsträger sämtlicher in Deutschland vertretenen fremden Mächte eingefunden hatten. Auch der Reichskanzler war zugegen.

Als Doyen des diplomatischen Korps hielt der apostolische

Nuntius Monsignore Pacelli

folgende Ansprache:

Herr Reichspräsident! Der Beginn des neuen Jahres versammelt wiederum die Vertreter der fremden Staaten um Ihre Person, um Ihnen und der deutschen Nation, deren höchstes Amt Ihnen anvertraut ist, ihre Glückwünsche darzubieten. Das soeben verflossene Jahr ist nicht ohne Schmerzen und Leiden für die Menschheit dahingegangen. Aber besonders an diesem Tage, den man gewöhnlich mit Freude und Fröhlichkeit feiert, richten sich unsere Blicke mit umso innigerer Teilnahme auf gewisse unglückliche Kreise des Volkes, in dessen Mitte wir leben. Das sind die werktätigen Stände ebenso wie die geistigen Arbeiter, das ist der Mittelstand, das sind die Kranken, Greise, Frauen und Kinder, denen oft das Allernötigste zum Leben fehlt. Wir sprechen den edlen Herzen unseren Beifall aus, die sich mühen, ein so erschütterndes Elend zu lindern, und wir wünschen glühend, daß alle Nationen sich jener gesunden und ruhigen Wohlfahrt erfreuen mögen, die auf Gerechtigkeit, friedlicher Arbeit und brüderlicher Liebe beruht. Das ist es, Herr Reichspräsident, was ich, der ich wiederum die Ehre habe, im Namen des beim Reich beglaubigten diplomatischen Korps an Sie das Wort zu richten, mit ganzem Herzen von der göttlichen Vorsehung, der höchsten Lenkerin der menschlichen Geschicke, erflehe!

Reichspräsident Ebert

erwiderte darauf mit folgenden Worten:

Herr Nuntius, meine Herren! Es ist mir eine ganz besondere Freude, wieder aus Ihrem Munde die Glückwünsche entgegenzunehmen, die Sie mir und dem deutschen Volke aus Anlaß des heutigen Tages im Namen des diplomatischen Korps auszusprechen die Güte hatten. Dankbaren Herzens begrüße ich die Worte des Mitgefühls, mit denen Sie der Not des deutschen Volkes und derjenigen unserer Volksgenossen gedacht haben, die in diesem schweren Winter unter schwerer Bedrängnis leiden. Mit aufrichtiger Genugtuung stellen wir fest, daß weite Kreise der fremden Nationen sich der in Deutschland herrschenden Not bewußt geworden sind und von echter wahrer Menschlichkeit beseelt uns Hilfe und Beistand leisten. Manches Leiden ist dadurch gemildert und vielen ist auf diesem Weg willkommen geholfen worden. Mit Recht haben Sie auf diesen Geist allgemeiner Menschenliebe hingewiesen, der zusammen mit dem Gefühl der Gerechtigkeit gegenüber den anderen Nationen die stärkste Gewähr für den Fortschritt und das gedeihliche Zusammenarbeiten der Völker bietet. — Es ist bei Beginn eines neuen Jahres der sehnliche Wunsch des deutschen Volkes in seinem harten und dulsenden Ringen um Leben und Zukunft, daß auch ihm bald das hohe Gut ruhiger Arbeit und friedlichen Lebens im Kreis der Völker beschieden sei. — Mit der Hoffnung, daß der von Ihnen so warmen Herzens gewürdigte Geist der wahren Menschlichkeit im neuen Jahre sich weiter ausbreiten und immer tiefere Wurzeln fassen möge, verbinde ich, Herr Nuntius, und meine Herren, die Bitte, Ihren Staatsoberhäuptern, Regierungen und Völkern meinen herzlichen Glückwunsch und meine aufrichtigen Wünsche für ein glückliches und friedliches neues Jahr zu übermitteln!"

Der Reichspräsident begrüßte alsdann die diplomatischen Vertreter und tauschte in persönlichen Einzelgesprächen mit ihnen seine Neujahrswünsche aus.

Die Sozialisten gegen Ausnahmezustand.

Der Vorwärts teilt mit, daß der Reichskanzler am Freitag mit den sozialdemokratischen Abgeordneten Wels, Hilferding und Herz eine Besprechung über die politische Lage hatte. Die sozialdemokratischen Vertreter haben dabei einmütig die Aufhebung des militärischen Ausnahmezustandes verlangt und insbesondere gegen das Vorgehen des Reichsjustizministers Einspruch erhoben. Der Vorstand der sozialdemokratischen Reichstagsfraktion wird sich demnächst mit dieser Angelegenheit befassen. Wie der Montag noch erfährt, wird bereits in der nächsten, am 3. Januar stattfindenden Sitzung des Fünfzehner-Ausschusses ein sozialdemokratischer Antrag auf Aufhebung des Ausnahmezustandes gestellt werden.

Beginn des Abbaues.

Die Reichsregierung hat eine Verordnung zur Abänderung des militärischen Ausnahmezustandes erlassen, nach der anstatt der Militärbefehlshaber der Staatsgerichtshof zum Schutze der Republik oberste Beschwerdeinstanz wird.

Havas-Hetze.

Die indiskrete Veröffentlichung der deutschen Reichsdenkschrift in der englischen Presse hat in Frankreich böses Blut gemacht. Die französische Presse bringt Darstellungen, nach denen die deutsch-französischen Verhandlungen zur Erfolglosigkeit verurteilt sind und deutet an, daß Deutschland erst Vorbedingungen zu erfüllen habe. Das halbamtliche Havas-Büro übernimmt einen gereizten Vorstoß gegen die deutschen Vorschläge, worin es u. a. heißt:

Während die Regierungen von Frankreich und Belgien im Einverständnis mit der deutschen Regierung es für zweckmäßig gehalten hatten, das am Montag überreichte Memorandum der Oeffentlichkeit nicht zu übergeben, um so die angebahnten Verhandlungen möglichst zu erleichtern, ist heute erstaunlicherweise der Wortlaut des Memorandums in der englischen Presse zu lesen. Obgleich die Note sich den Charakter eines im wesentlichen technischen Schriftstückes gibt, zeigt sie viel deutlicher, als man annehmen konnte, das wahre Ziel, das viel weniger darin besteht, an Ruhr und Rhein einen wirtschaftlichen modus vivendi zu schaffen, als darin, die politische und administrative

Souveränität Berlins

wiederherzustellen. Auf allen Gebieten verlangt Berlin einfach die Rückkehr zum Status vor dem 11. Januar, kurz, für Berlin ist der Augenblick noch nicht da, Bedingungen für die Erneuerung der Micumverträge zu erörtern, noch weniger der Augenblick dafür eine allgemeine Regelung der Reparationen zu besprechen. So handelt es sich für das Reich nicht darum, eine Anpassung an die durch die Besatzung geschaffene neue Lage zu finden. Es zielt einzig und allein darauf ab, den französischen und belgischen Behörden jede Handlungsfreiheit im besetzten Gebiet zu rauben und die Ergreifung des

rheinisch-westfälischen Pfandes illusorisch

und ergebnislos zu machen. Es ist leicht begreiflich, daß unter diesen Umständen die ersten von der französischen Vertretung an Ort und Stelle eingegangenen Gutachten sich über die Gesamtheit der von Berlin ins Auge gefaßten Maßnahmen ungünstig aussprechen. Die leitenden deutschen Persönlichkeiten irren sich und setzen ihre Landsleute schweren Enttäuschungen aus, wenn sie sich einbilden, daß man in Paris wie in Brüssel so leicht eine Beeinträchtigung der Ergebnisse hinnehmen wird, die durch die französisch-belgische Politik gezeitigt worden ist.

Deutsche Erwiderung.

Zu dieser Meldung wird von unterrichteter deutscher Seite u. a. folgendes mitgeteilt:

Die vorzeitige Veröffentlichung des deutschen Memorandums, die der bei den Besprechungen in Paris und Brüssel getroffenen Verabredung zuwiderläuft, wird auch deutscherseits bedauert, zumal, da sie einen Teil der französischen Presse zu Aeußerungen veranlaßt hat, die kaum geeignet sind, den im Gange befindlichen Gedankenaustausch zwischen den Regierungen zu fördern. Zu einem gedeihlichen Verlauf dieses Gedankenaustausches dürfte allerdings auch die vorstehende Havasmeldung nicht beitragen. Die Reichsregierung hat bei den von ihr eingeleiteten Besprechungen nicht die endgültige Lösung der Ruhr- und Rheinfrage zur Diskussion gestellt. Sie hat ihre Anregung vielmehr ganz unzweideutig auf

eine provisorische Regelung

abgestellt, die es ermöglichen würde, schon vor der endgültigen Lösung das Wirtschaftsleben in den besetzten Gebieten wieder in Gang zu bringen, für die Bevölkerung einigermaßen erträgliche Lebensbedingungen zu schaffen. Wenn die französische Regierung ihre wiederholten früheren Erklärungen nicht verleugnen will, wird sie jetzt nach der völligen Beseitigung dieses Widerstandes gegen die Aenderung des Regimes, wie sie in dem deutschen Memorandum vorgeschlagen wird, nichts mehr einwenden können. In der Tat ist es ohne die Regelung der in dem deutschen Memorandum angeschnittenen Verwaltungs-, Verkehrs- und Finanzfragen undenkbar, in den besetzten Gebieten auch nur provisorisch zu haltbaren Zuständen zu kommen. Dem Memorandum liegt also nicht, wie die Havasmeldung anzudeuten scheint, irgend eine versteckte Absicht, sondern lediglich die offen ausgesprochene Absicht zu Grunde, einen modus vivendi zu schaffen.

• • •

Zu der Behauptung, die britische Regierung sei in irgendeiner Weise für die Veröffentlichung der jüngsten deutschen Note betreffend die Verhältnisse in den besetzten Gebieten verantwortlich, stellt Reuter fest, daß von keiner amtlichen britischen Stelle eine Information über die Note ausgegeben worden ist.

hierin enthaltenen Darstellungen des Kaisers ihre Adressatenwahl beeinflussen. Kaiser Wilhelm II. wird durch zahlreiche Publikationen, Zeitungsartikel und Veranstaltungen geehrt und gepriesen. Auch in Albersdorf finden jedes Jahr an seinem Geburtstag, dem 27. Januar, Feierlichkeiten statt, die auch die Tochter der Verfasserin, Catharina Wegner, besucht. In den Ausgaben von 1880 bis 1900 finden sich zudem zahlreiche Artikel über Taten oder Äußerungen des Kaisers, durch die er u. a. als ein Monarch dargestellt wird, dem besonders das Wohlergehen der unteren Bevölkerungsschichten wichtig ist. Für Antje Wegner dürften besonders seine Bemühungen um eine gerechte Sozialpolitik eine große Rolle spielen, die er – zumindest laut Zeitungsartikel – gegen alle Widerstände aus der eigenen Regierung durchsetzt[24]. Nachdem Wilhelm I. 1883 das Gesetz über die Krankenversicherung und 1884 das Unfallversicherungsgesetz verkündet hat, führt Wilhelm II. 1889 das Gesetz über die Alters- und Invalidenversicherung, 1890 zwei Arbeiterschutz-Erlasse und schließlich 1891 eine Novelle zur Gewerbeordnung ein, durch die die Arbeitgeber verpflichtet werden, Leben und Gesundheit ihrer Arbeiter bestmöglich zu schützen. Aufgrund etlicher Schwachstellen dieser Gesetze in der Praxis werden in den folgenden Jahren zudem einige Neuerungen bekannt[25]. Über viele dieser Beschlüsse berichtet der „Heider Anzeiger" detailliert; der Kaiser wird also konkret als der Herrscher bekannt, der sich erstmals für die sozialen Lebensbedingungen auch der unteren Gesellschaftsschichten interessiert und einsetzt.

Neben dem „Heider Anzeiger" berichten auch die wöchentlich erscheinenden „Kreisblätter Süderdithmarschen" über die Gesetze und Gesetzesänderungen; teilweise wird in diesen der genaue Wortlaut der Novellen wiedergegeben. Die Kreisblätter werden in Jützbüttel mit Hilfe des Bauerstocks[26] allen Haushalten, also auch dem der Familie Wegner, zugänglich gemacht.

Zahlreiche weitere Faktoren können das Vertrauen von Antje Wegner in den Monarchen, seinen Charakter und sein Interesse an ihr geweckt oder bestärkt haben, wie z. B. Gespräche mit für Antje Wegner wichtigen Personen oder besondere Erlebnisse und Ereignisse. Keiner dieser Faktoren ist jedoch ermittelbar. Zusammenfassend läßt sich daher nur annehmen, daß die Verfasserin sich – wie so viele andere auch – an dem Bild des Kaisers orientiert, das in der Öffentlichkeit besteht bzw. vermittelt wird. Es ist nicht zu erkennen, daß sie eine veränderte Haltung ihrer Umgebung in bezug auf die Politik Wilhelms II. wahrnimmt – sofern eine Veränderung stattfindet[27].

Neben den persönlichen Faktoren kann ihre Adressatenwahl einen weiteren Grund haben. Antje Wegner schreibt an den „Kaiser und König", ohne einen Namen zu nennen. Es wäre daher möglich, daß nicht die Person Wilhelm II., sondern die hierarchische Stellung des Monarchen als Staatsoberhaupt ausschlaggebend ist. Seit dem Mittelalter ist ein kulturelles System im Umgang mit Herrschern zu beobachten, in dem alle „Ungerechtigkeiten" der Obrikeit bzw. Verwaltung den Untergebenen des höchsten Oberhaupts, nicht aber ihm selbst zugeschrieben werden. Es wird angenommen, daß der Herrscher über die ungerechtfertigten Handlungen und Verhaltensweisen der amtlichen Vertreter nicht informiert ist bzw. selbst gerechter urteilen würde. Diese Annahme basiert auf der verbreiteten Ansicht, daß das Staatsoberhaupt die allgemein herrschende Auffassung des Volkes von Recht und Unrecht teilt und dementsprechend handelt[28]. Gerade innerhalb der unteren Gesellschaftsschichten ist daher der Glaube an ein sanktioniertes Recht der Untertanen verbreitet, sich gegen eine Übertretung ihrer persönlichen Rechte oder eine unterlassene Hilfeleistung ihres Herrschers zu wehren[29]. Während demnach das Verhalten der Staatsdiener kritisiert werden kann und ein Widersetzen gegen ausgesprochene Urteile in bestimmten Fällen berechtigt ist[30], wird dennoch die Macht des Obersten der jeweiligen Hierarchie nicht in Frage gestellt[31]. Bei Antje Wegner wird diese Einstellung sehr deutlich, als sie in einem Gespräch mit ihren Diskussionspartnern übereinstimmt, daß das vorgeschriebene „Kartenkleben" als Voraussetzung für eine spätere Rente nie den wirklich Bedürftigen hilft: „Ich sagte: solche Gesetze, als wir hier haben giebt es nicht, das ist nicht wahr, denn ich glaube nicht, daß unser Kaiser solche Gesetze hat, da müßt Ihr mir nicht mit kommen, denn da glaube ich garnichts von." Ihre feste Überzeugung jedenfalls, daß der Kaiser auf ihre Briefe anders reagiert als die örtliche Obrigkeit, wird durch das folgende Streitgespräch mit ihrem Mann belegt, in dem sie sich auf den Amtsvorsteher bezieht, der ihre Briefe in Jützbüttel herumzeigt: „Ich sagte: der Kerl hat mich wohl wieder bestohlen, bist Du so dumm? Er ... ist so dumm u. rennt da mit von Haus zu Haus, das thut unser Kaiser doch nicht."

Anlaß und Ziel des Schreibens

In engem Zusammenhang mit diesen Überzeugungen und der neuen Sozialpolitik steht der konkrete Anlaß für den Beginn des Briefeverfassens: Die Entscheidung, an den Monarchen zu schreiben, fällt nach einer für die Verfasserin enttäuschenden Gerichtsentscheidung im September 1901, durch die ihr Antrag auf Invalidenrente abgelehnt wurde: „... darum habe ich mich auch nicht gefürchtet u. mich fest entschlossen, wenn der Vorstand der Landesversicherungsanstalt u. das Schiedsgericht mich verwiesen, so sollte unser Kaiser doch mal wissen wie die Unterthanen behandelt werden." Der auslösende Faktor ist folglich das Unverständnis über das Ablehnen ihrer Invalidenrente und somit eine bevorstehende finanzielle Belastung. Dieses sich im Alltag zuspitzende Problem wird den gewohnten Lebensrhythmus letztendlich unwiederbringlich verändern[32].

Zunächst ist das Ziel des Schreibens, den Kaiser über Ungerechtigkeiten von seiten der Obrigkeit gegenüber den Untertanen zu informieren. Antje Wegner fügt jedoch sofort hinzu: „Ich habe mich lange zurückgehalten u. den Leuten Zeit genug gelassen, sich zu besinnen, Sie werden aber ja immer ärgerer wüthen, denn müssen Sie es selbst wissen." Die Einleitungssätze der frühen Briefe machen ebenfalls deutlich, daß es „niemals aufhört mit dem Spitzen treiben" und es „fortwährend spöttische Redensarten giebt." Zusammen mit dem nahezu alle Briefe durchziehenden Miß-trauen gegenüber dem Amtsvorsteher und den Dorfbewohnern in Jützbüttel werden demnach mindestens zwei Gründe für das Briefeverfassen genannt:

Antje Wegner fühlt sich sowohl durch die Obrigkeit als auch durch ihre direkte Umgebung falsch und schlecht behandelt und muß deshalb dem Kaiser über diese Ungerechtigkeiten berichten. In keinem der vorliegenden Briefe bittet sie um finanzielle Hilfe oder eine Überprüfung der Vorgänge.

Amtsvorsteher Timm Rohwedder, 1889–1917

Neben diesem offensichtlichen Schreibziel zu informieren, ist jedoch anzunehmen, daß die Verfasserin auch einen persönlichen Nutzen aus den Briefen zieht. Die andauernde Arbeitsunfähigkeit – zu Beginn des Schreibens seit ungefähr fünf Jahren – wird mit Sicherheit Auswirkungen auf die Beziehungen zu ihrem Mann und den Dorfbewohnern haben. Als kranke Frau inmitten einer arbeitenden Umgebung und zunehmend um das Selbstvertrauen gebracht, durch eigene Arbeit zum Familienunterhalt beitragen zu können, hat das Rekonstruieren der täglichen Ereignisse eine entlastende und identitätsstiftende Funktion[33]. Durch das regelmäßige Schreiben, das sehr viel Zeit, Mühe und Widerstand bedeutet, und vor dem Hintergrund, daß sie an den Nutzen ihrer „Arbeit“ für den Monarchen glaubt, kann sie sich ein neues Selbstbild und Selbstwertgefühl aufbauen. Etliche negative Vorfälle im Zusammenhang mit den Dorfbewohnern und der örtlichen Obrigkeit können zudem bei Antje Wegner ein Gefühl von Hilflosigkeit ausgelöst haben, auf das sie durch das Schreiben reagiert: Ihr Mann wirft ihr niemals vor, sie wolle sich an den Leuten „rächen“. Sie selbst schreibt im Zusammenhang mit ihren Aufzeichnungen über die „Streitigkeiten“ der Leute und ihr eigenes, geduldiges Verhalten auf diese: „... die Leute haben aber vielleicht immer geglaubt, ich sei so dumm u. wisse nichts, denn sollen Sie sich aber wundern ...“

Das Verhältnis der Verfasserin zur örtlichen Obrigkeit

Während der Kaiser als Staatsoberhaupt für Antje Wegner ausschließlich mit positiven Charaktereigenschaften ausgestattet ist, mißtraut sie der örtlichen Obrigkeit zutiefst. Sie unterscheidet hierbei jedoch sehr genau zwischen „der Polizei" auf der einen Seite und dem Amtsvorsteher, den „Herren" und den Beamten auf der anderen Seite. Während der Polizist oder Polizeidiener die Steuerzettel in Jützbüttel verteilt und regelmäßig ein kleines Gespräch mit Antje Wegner führt, ist der Begriff oder die Person „Amtsvorsteher" für sie ausschließlich negativ besetzt. Diese generelle Unterscheidung entspricht den unterschiedlichen Machtbefugnissen, die das Innehaben der Ämter einschließt. Während der Polizeidiener eine sehr niedrige Stellung innerhalb der polizeilichen Hierarchie einnimmt, ist der Einfluß des Amtsvorstehers bedeutend[34].

Es ist nur schwer auszumachen, ob sich das Mißtrauen der Verfasserin gegenüber dem Amtsvorsteher auf eine bestimmte Person bezieht oder die Institution im allgemeinen. Neben „aktuellen" Vorwürfen, wie z. B. der Beschuldigung, ihr Mann würde eine bestimmte Prämie nicht bekommen, weil der Amtsvorsteher es verhindert, berichtet sie überwiegend von vergangenen Ereignissen. Demnach ist „... der Schuldige ... der Amtsvorsteher gewesen ...", als sie 1878 ein uneheliches Kind zur Welt gebracht hat und aus diesem Grund von ihrem ältesten Bruder, der damals schon den Hof ihres Vaters übernommen hatte, extrem schlecht behandelt wurde. Es ist nicht anzunehmen – wenn auch nicht ganz auszuschließen –, daß der Amtsvorsteher der Vater ihres unehelichen Kindes war; vielmehr scheint der Amtsvorsteher zu der Zeit auch den Eltern und dem ältesten Bruder Antje Wegners geschadet zu haben. Immer wieder erwähnt die Verfasserin, daß ihr Bruder Johann nur deshalb so schlecht zu ihr war, weil er selbst unter dem Amtsvorsteher leiden mußte: „... der Amtsvorsteher (hat) in unserer Familie gewüthet, was hat der Kerl uns gequält ...", und daß ihr Vater ihren Bruder mehrmals vor dem Amtsvorsteher und den Beamten gewarnt hat.

Diese Einstellung scheint sehr generalisierend, wenn man beachtet, daß der im Jahr 1907/08 amtierende Amtsvorsteher Timm Rohwedder diese Position erst seit 1892 innehat.

Die Reaktionen der Obrigkeit, des Ehemannes und der Dorfbewohner

Der amtliche Weg der Briefe ist aufgrund der Anmerkungen jeder Behörde leicht nachzuvollziehen: Antje Wegner schickt ihre Schriften mit der Post unmittelbar nach Berlin, wo sie vom Geheimen Zivilkabinett mit dem Eingangsdatum sowie einer Aktennummer versehen und mit dem Verweis „..., betreffend Immediatseingabe der Frau Wegner, geb. Höhrmann zu Jützbüttel" abgeheftet werden. Demnach wird der Inhalt als „Mitteilung" und „Notifikation" eingeschätzt, nicht aber als Bittschrift[35].

Wahrscheinlich aufgrund des ständigen Eingangs ihrer Briefe wird zum erstenmal im September 1907 begonnen, die Vorgänge zu untersuchen[36]. Zwei komplette Briefe durchlaufen zusammen mit der Bitte um einen Bericht und der Frage nach weiteren Vorgängen folgenden Verwaltungsweg:

7. 8. 07: Ein Brief von Antje Wegner trifft in Berlin ein und wird an den Regierungspräsidenten in Schleswig weitergeleitet.
7. 9. 07: Der Regierungspräsident in Schleswig schickt die Unterlagen an den Landrat in Meldorf.
8. 9. 07: Landrat Johannssen in Meldorf übergibt die Schriften dem Amtsvorsteher Rohwedder in Albersdorf.

Der Amtsvorsteher Rohwedder erkundigt sich sowohl bei dem Arzt von Antje Wegner, Dr. Schaumann aus Albersdorf, als auch bei der Verfasserin selbst nach Gründen für die Briefe. In den Briefen erwähnte Beschuldigungen, die eine Nachbarin gegen Catharina Wegner, die Tochter Antje Wegners, geäußert haben soll, untersucht er ebenfalls. Seine Ermittlungsergebnisse, die am 19. 9. 07 wieder an Landrat Johannssen nach Meldorf geschickt werden[37], faßt er wie folgt zusammen:

> *„Die Verfasserin der Eingabe, die Ehefrau des Arbeiters Wilhelm Wegner in Jützbüttel ist nach Angabe des Herrn Dr. Schaumann hies. seit Jahren körperlich leidend und muß insofern als geisteskrank bezeichnet werden, als sie gegen die Ortsbewohner in jeder Beziehung das größte Mißtrauen hegt. Dabei ist sie jedoch völlig harmlos, so daß Anstaltspflege nicht erforderlich ist. Einen Grund, der sie zu der Eingabe veranlaßt hat, vermag sie nicht anzugeben. Nach der anliegenden Eingabe soll die Tochter in Verdacht gestanden haben, Wollgarn entwendet zu haben. Durch Nachfragen bei der genannten Nachbarin Wilhelmine Thießen habe ich ermittelt, daß die ganze Sache ohne jegliche Bedeutung ist und die Tochter der Wegner in keiner Weise verdächtigt worden sei. Soweit ich erinnere, habe ich amtlich mit der Familie Wegner niemals zu tun gehabt. Die Leute stehen in dem besten Rufe. Vorgänge sind hier nicht vorhanden.“*

Über diese Untersuchungen, zu denen Antje Wegner diesen Angaben zufolge selbst befragt wird, erwähnt sie in ihren Aufzeichnungen nichts. Bezeichnend ist allerdings, daß sie unmittelbar nach dem Tag der Befragung deutlich macht, wie wichtig ihre Briefe sind: „... ich kann es nicht leisten, aber ich thue, was ich kann, denn ich bin der Meinung, daß meine Erlebnisse hin nach Berlin müssen.“

Ein zweiter Versuch der Obrigkeit, die A Briefflut zu stoppen, findet im August 1908 statt, also ein knappes Jahr später. Nachdem Antje Wegner vermutlich eine Zeitlang gewartet hat, bevor sie nach den Vorkommnissen im September 1907 erneut Briefe abschickt, werden im Mai 1908 die ersten Briefe wieder aus Berlin nach Schleswig gesandt. Diese werden noch mit dem Vermerk „Schriftschreiberin nach früherem Bericht geistig nicht normal“ zu den Akten gelegt. Als die Schriften aber wieder wöchentlich in Berlin bzw. etwas später in Schleswig eingehen, bittet der Regierungspräsident in Schleswig den Landrat in Meldorf darum, die Verfasserin „in geeigneter Weise durch den Ortsvorsteher oder Ortsgeistlichen über die Zwecklosigkeit ihrer Schriften aufklären zu lassen." Schließlich ist wieder der Amtsvorsteher Rohwedder gefragt, der nach einigen Tagen erklärt, er habe mit dem Ortsvorsteher Sönksen in Jützbüttel, dem Ehemann und der Tochter von Antje Wegner gesprochen und sie beauftragt, darauf zu achten, daß solche Schriften nicht mehr abgesandt würden. Mit der Verfasserin selbst habe er nicht sprechen können, da sie „geistig zu leidend" sei.

Zu diesem Vorfall bemerkt Antje Wegner in ihren Aufzeichnungen über den entsprechenden Tag, daß der Amtsvorsteher und der Ortsvorsteher in Jützbüttel mit einem ihrer Briefe von Haus zu Haus gegangen sind, mit ihrem Mann und ihrer Tochter auf der Straße gesprochen haben und den Briefträger beauftragt haben, die Briefe nicht mehr mitzunehmen. Weder der Amts- noch der Ortsvorsteher haben versucht, mit ihr persönlich zu sprechen. Sie gibt das Gespräch zwischen dem Amtsvorsteher und ihrer Tochter wieder, demzufolge Rohwedder sich immer wieder darüber beschwert habe, daß er „andauernd" solche umfangreichen Briefe bekäme: „... das könne ja garnicht angehen, solche Schriften an unserm Kaiser zu senden, da ist ja nichts in, was will Sie da mit?" Allzu überraschend können diese neuen Ermittlungen für sie kaum gewesen sein, da ihre Tochter schon einige Tage vorher bemerkt, daß die Postbeamten am Bahnhof in Albersdorf sie beim Einstecken der Briefe kritisch beobachten. Trotz des vermutlichen Ärgers mit ihrem Ehemann reagiert Antje Wegner gelassen: „... da möchte ich aber kein Porto zu bezahlen, zu den Briefen, die der Amtsvorsteher weg nimmt, Ihm sind die Finger wohl wieder zu lang ..." Auch wenn noch mindestens bis zum Jahr 1910[38] Schriften von Antje Wegner in Berlin eingehen, werden die nach diesen Untersuchungen nach Schleswig weitergereichten Briefe mit Vermerken auf den Geisteszustand der Verfasserin zu den Akten gelegt.

Die Reaktion ihres Mannes auf die Untersuchungen im August 1908 erfolgt prompt: Am Morgen nach dem Gespräch mit dem Amtsvorsteher und Ortsvorsteher beschimpft Wilhelm Wegner seine Frau als „bummlich" und „verrückt" und droht ihr mit der „Irrenanstalt". Nachdem er vermutlich anfangs das Schreiben seiner Frau unterstützt oder zumindest geduldet hat, wird das Thema zunehmend zum Streitpunkt zwischen den Eheleuten. Spätestens nachdem die ganze Dorfschaft über die Briefe und deren „sinnlosen" Inhalte informiert ist, reagiert er wütend und fassungslos auf die täglichen Aufzeichnungen und auf seine Frau selbst. Trotz ihrer Krankheit, aufgrund derer sie weder arbeiten noch den Haushalt in Ordnung halten kann, ist sie sehr neugierig und schreibt ununterbrochen ihre Beobachtungen auf. Daß das Briefeschreiben ein Streitthema bleibt, läßt sich aus einer Diskussion im Oktober 1910 schließen. In Gegenwart ihres Mannes gibt Antje Wegner dem Briefträger ein Schreiben an den Kaiser mit, worauf Wilhelm Wegner „wieder Skandal" macht und ihr erneut mit der Irrenanstalt droht: „... wenn Du das Schreiben nicht unterläßt, denn wirst Du was erleben, denn wird ein Wagen kommen u. Dich weg holen, denn wird es Dir aber nicht gut gehen, Du kriegst Deine Heimat niemals wieder zu sehen." Antje Wegner bleibt wieder relativ gelassen. Im Gegenzug beschimpft sie ihn für seine Versuche, sie zu erschrecken, und wirft ihm vor, gegen sie zu intrigieren.

Eine direkte Reaktion der Dorfbewohner auf die Briefe ist nicht auszumachen – abgesehen von der des Ortsvorstehers Sönksen, der den Amtsvorsteher im August 1908 bei seinen Untersuchungen unterstützt und ebenso energisch die Sinnlosigkeit der Briefe betont. Aus den Schilderungen der Verfasserin geht jedoch hervor, daß die Jützbütteler im Gespräch mit ihr oftmals verständnislos auf ihr Mißtrauen oder auf bestimmte Bemerkungen reagieren: Ein „ach, Antje Wegner" und eiliges Weggehen folgen auf einige Gespräche zwischen den Dorfbewohnern und der Verfasserin. Im Zusammenhang mit den mehrmals wöchentlich einkehrenden Händlern wird besonders deutlich, daß diese amüsiert oder aber gereizt auf die kontrollierenden Beobachtungen von Antje Wegner reagieren. Letzteres ist nur allzu verständlich, da den Dorfbewohnern bewußt ist, daß Antje Wegner ihr Wissen über Gespräche, Feldarbeiten oder Fahrten der Dorfgemeinschaft dem Kaiser berichtet. Ihr Mann gibt Antje Wegner in Streitgesprächen mehrmals zu verstehen, daß die Leute glauben, sie wolle sich in ihren Briefen nur „rächen", und daß sie durch ihre Schriften und ihr Mißtrauen endgültig das Verhältnis zu den Jützbüttelern verschlechtert hat: „... Du bist ja verrückt, Du bildest Dich immer allerlei ein, Du wirst hier im Dorf nichts Gutes wieder kriegen ..." Eine konkrete Reaktion der Dorfbewohner auf ihre Neugierde und ihre Beobachtungen kann auch das Benutzen anderer Straßen sein, die zwar Umwege darstellen, dafür aber nicht an der Kate der Wegners vorbeiführen. Antje Wegner „beschwert" sich zunehmend, daß die Leute andere Wege fahren, nur noch nachts leise an ihrer Kate vorbeirollen oder sich Tücher bzw. Hände vor das Gesicht halten, um nicht von ihr gesehen zu werden. Ob dies jedoch den Tatsachen oder nur dem grenzenlosen Mißtrauen der Verfasserin entspricht, ist nicht auszumachen.

Die Schreibpraxis

Antje Wegner fängt vermutlich früh an, besondere Erlebnisse schriftlich festzuhalten. Aus ihrer Schulzeit und dem Konfirmandenunterricht ist bekannt, daß Schönschreibübungen einen wichtigen Platz im Lehrplan einnehmen und bei Schulvisitationen regelmäßig die „Schreibebücher" kontrolliert werden. Im Konfirmandenunterricht müssen die Kinder regelrechte „Bücher" anlegen und führen, in denen in einer sehr gleichmäßigen Schrift christliche Geschichten oder Gebete aufgeschrieben werden. Die Schreibweise ist in jedem Fall sehr einheitlich und entspricht im großen und ganzen dem normierten Schriftbild, das Antje Wegners Briefe kennzeichnet. Auch in ihrem späteren Berufsleben legt die Verfasserin großen Wert auf eine korrekte Buchführung. In einem Gespräch mit dem Polizeidiener erwähnt sie, daß sie alte Steuerzettel nie wegwirft, um später die Höhe der Steuern vergleichen zu können. Ihr Mann möchte ebenfalls, daß sie

„solches“ im Kalender „anmerkt“, genauso wie festgehalten wird, wann der Schornsteinfeger kommt. Als Grund für ihre Sorgfalt führt sie das elterliche Vorbild ihrer Kindheit an. Über ihren Bruder berichtet sie, daß er im Krieg Tagebuch geführt hätte und dafür sogar vom Feldwebel sehr gelobt worden sei. Zahlreiche Bemerkungen über Ereignisse, die teilweise vor Jahrzehnten stattgefunden haben und die mit genauer Jahreszahl angegeben werden, lassen vermuten, daß die Verfasserin selbst über Aufzeichnungen verfügt. Spätestens seit Beginn ihrer Probleme in Jützbüttel, die schon in den 1890er Jahren ernster gewesen sein müssen, notiert sie sich regelmäßig, was am Tage vorgefallen ist. Diese anerzogene und für sie selbst hilfreiche Art und Weise, durch eine gewissenhafte Buchführung geschäftliche und persönliche Erlebnisse festzuhalten und zu rekonstruieren, geht nahezu nahtlos in ihre späteren Briefe über.

Die zeitliche Einordnung des Verfassens und Abschickens der Schreiben

Die ersten Briefe aus dem vorliegenden Bestand stammen aus dem Jahr 1905 und gehören vermutlich zu den frühesten Schreiben von Antje Wegner an den Kaiser. Die Einleitungs- und Endsätze dieser Briefe machen deutlich, daß diesen Berichten dennoch schon mindestens einer vorausgegangen sein muß: Beide betonen im ersten vorliegenden Brief, daß „nochmals“ eine „Erörterung der Leute“ gegeben werden soll. Da konkretere Untersuchungen durch die Obrigkeit erst im September 1907 stattfinden, ist nicht anzunehmen, daß die Schriften sehr viel früher als 1905 in Berlin eingegangen sind. Der letzte Brief, der Berlin erreicht hat und noch erhalten ist, behandelt den November 1910, ist aber erst drei Jahre später, im November 1913, abgeschickt worden. Der erhaltene Papierbogen behandelt den Mai 1912; es sind keine Briefe mehr vorhanden, die auf diesem basieren. Antje Wegner verstirbt am 21. 11. 1914. Es ist nicht nachzuvollziehen, wie viele Schriften sie nach dem im November 1913 abgeschickten Brief und vor ihrem Tod nach Berlin sendet.

Der gesamte, vorliegende Briefbestand läßt sich grob in vier Teile gliedern[39]. Da das Datum des Briefes zunehmend von den Daten der in den Briefen behandelten Tagen abweicht, beziehen sich die folgenden Angaben ausschließlich auf die Zeiträume, über die in den Aufzeichnungen berichtet wird. Der Schwerpunkt liegt eindeutig auf den Jahren 1907 und 1908:

Jahr	Berichtszeitraum	Anzahl der Briefe
1905	14. Mai bis 12. Juni	3,5
1907	22. Juni bis 31. Dezember	19
1908	1. Januar bis 7. August	26,5
1910	21. September bis 9. November	3,5
1912	4. Mai bis 28. Mai	Papierbogen

Dementsprechend beziehen sich auch die folgenden Erörterungen hauptsächlich auf die nahezu ununterbrochene, tägliche Berichterstattung der 13,5 Monate von Juni 1907 bis August 1908.

Aus diesen Monaten stammen ebenfalls die fünf kompletten Briefe und die zwei Teilstücke solcher, die in der Kate der Wegners gefunden wurden und nahezu identische Zweitschriften der Briefe darstellen, die aus Berlin nach Schleswig geschickt wurden. Es liegen also mehrmals je zwei Exemplare des gleichen Briefes vor, die sowohl im Datum der Schriften selbst als auch in der Aufteilung der einzelnen Tagesberichte und der Anzahl der Wörter je Seite übereinstimmen[40]. Im direkten Vergleich scheint jeweils das etwas sauberer geschriebene Exemplar nach Berlin gesandt worden zu sein. Von diesen Schriften unterscheidet sich wiederum der Papierbogen über den Mai 1912. Während die zwei gleichen Exemplare gleichmäßig beschrieben sind und nur sehr selten ein Wort fehlt oder eingefügt wurde, fällt auf dem Papierbogen genau das Gegenteil auf: Mehrere Erklärungen und Ergänzungen wurden offensichtlich nachträglich in den Text eingefügt, zudem läßt die wechselhafte Schrift auf starke Gefühlsschwankungen schließen[41]. Daß diese Papierbögen als Vorschrift gedient haben, wird zudem deutlich durch das Fehlen der seitenlangen Abhandlungen über das „Fahren der Leute" in die unterschiedlichen Dörfer. An den Textstellen, wo die separat geführten Abhandlungen hierüber eingefügt werden sollen, vermerkt die Verfasserin nur die unterstrichenen Stichwörter: „denn das Fahren."

Es wäre demnach denkbar, daß Antje Wegner maximal drei Fassungen der täglichen Berichterstattung aufzeichnet. Die Erlebnisse werden zunächst auf einem Papierbogen festgehalten; separat davon wird die Liste über die an ihrer Kate vorbeifahrenden Menschen geführt. Anschließend fertigt sie zwei gleiche Exemplare von Briefen an, in denen die ersten Aufzeichnungen und die Listen zusammengefügt werden. Einen dieser Briefe schickt sie an den Kaiser, einen behält sie selbst. Inwieweit die erste Niederschrift auf dem Papierbogen wieder verändert wird, kann nicht festgestellt werden.

Die Tatsache, daß Antje Wegner Zweitschriften ihrer Briefe an den Kaiser anfertigt und diese in der Hütte aufbewahrt, kann mehrere Gründe haben. Zunächst wäre es denkbar, daß sie diese Zweitschriften aus Mißtrauen gegenüber dem Amtsvorsteher anfertigt, also „Beweise" für ihre Briefe und deren Inhalt behalten möchte. Dies ist jedoch unwahrscheinlich, da schon im Jahr 1905 – also lange vor den Untersuchungen der örtlichen Obrigkeit – Kopien der nach Berlin gesandten Briefe in der Kate aufbewahrt werden. Eine zweite Erklärung wäre das Interesse der Verfasserin am „Anmerken" besonderer Ereignisse. Durch eine Zweitschrift der Briefe kann Antje Wegner ihre Erlebnisse auch für den Eigenbedarf gedanklich sortieren und rekonstruieren[42]. Abgesehen von ihr selbst können auch andere Familienmitglieder oder Bekannte anhand dieses Exemplars nachvollziehen, wie sie behandelt wird und was sie – trotz ihrer Krankheit – erlebt und leistet. Das zwei- bis dreifache Niederschreiben der gleichen Tagesberichte kostet zudem sehr viel Zeit, und gerade davon hat die Verfasserin während ihrer Krankheit vermutlich viel.

Eine weitere Besonderheit stellt die im Laufe der Jahre zunehmende Differenz zwischen dem Datum des Briefes und den Daten der in den Schriften behandelten Tage dar. Während die Briefe aus dem Jahr 1905 unmittelbar nach dem letzten täglichen Bericht datiert wurden, beziehen sich die Briefe aus dem Juli 1907 schon auf den Februar 1907 und die Briefe aus dem März 1909 auf den Oktober 1907. Das letzte Briefdatum weicht schließlich um fast drei Jahre von dem Berichtszeitraum ab.

Zwei „Fehler" Antje Wegners geben Hinweise auf ihre Vorgehensweise. Bei einem Brief hat sie im Briefkopf lediglich „Jützbüttel den ..." vermerkt, das Datum aber vergessen. Das würde bedeuten, daß sie die täglichen Aufzeichnungen in Reinschrift bringt und das Datum erst einfügt, wenn sie die Briefe abschickt[43]. In einem ihrer letzten Briefe aus dem Jahr 1913 über das Jahr 1910 hat sie offensichtlich auch das Datum des dargestellten Tages zunächst mit 1913 überschrieben, bringt also die 1910 niedergeschriebenen Tagesberichte erst 1913 in Briefform. Da keinerlei weitere Kommentare aus den Briefen selbst ihre Vorgehensweise direkt erklären, kann nur angenommen werden, daß die Verfasserin ihre täglichen Aufzeichnungen in zunehmendem Zeitabstand in Briefform bringt, vermutlich überwiegend bedingt durch ihre Krankheit und die Untersuchungen des Amtsvorstehers. Beim Abschicken der Briefe achtet sie sehr genau darauf, daß die Berichtszeiträume nahtlos aneinander anknüpfen – unabhängig davon, wie weit die Datierungen der Briefe voneinander abweichen[44].

Der Aufbau der Briefe

Antje Wegner schreibt jeden Tag über ihre Erlebnisse und Beobachtungen, wobei die Länge ihrer Ausführungen zwischen einem Satz und mehreren Seiten schwankt. Sehr selten faßt sie zwei oder drei Tage zusammen. Überwiegend gibt sie Gespräche wieder, die sie mit dem Postboten, mit Händlern, Nachbarn, ihrer Tochter oder ihrem Mann geführt hat. Hierbei ist auffällig, daß sie einige Vorkommnisse kaum erwähnt, während andere regelmäßig angesprochen werden. Verallgemeinernd kann gesagt werden, daß sie die meisten alltäglichen Ereignisse wiedergibt und dabei immer wieder ihre Krankheit und Arbeitsunfähigkeit sowie ihr Mißtrauen den Dorfbewohnern oder anderen gegenüber betont. Andeutungen über vergangene Erlebnisse mit Arbeitgebern und Jützbüttelern bzw. Anekdoten oder Gerüchte erläutert sie nie in den jeweiligen Zusammenhängen, und nur selten fügt sie an einen im Gespräch erwähnten Namen eine Erklärung an, wie z. B.: „... Ihre Schwester, das ist Johann Harders Frau in Bunsoh ..." oder „... welche früher hier auf unsere Gegend wohnhaft gewesen ist, aber jetzt in Nordschleswig wohnt." Etliche Themen tauchen immer wieder auf: das Wetter, aktuelle Ereignisse, wie ein Volksfest, eine Viehschau oder ein Hofverkauf, jegliche Vorgänge in Jützbüttel und besondere Ereignisse aus umliegenden Orten. Nur sehr selten erwähnt sie hingegen sehr persönliche Erlebnisse mit ihren Eltern oder Geschwistern; mehrtägige Besuche ihrer Schwägerin oder ältesten Tochter handelt sie in einem Satz ab. Besuche von einem Bekannten, die ihr Mann offensichtlich mißbilligt, erwähnt sie nur im nachhinein und in einer Nebenbemerkung. Viele stereotype Sätze lassen den Eindruck entstehen, daß Antje Wegner eine genaue Vorstellung davon hat, was erwähnt werden soll bzw. muß. Dieses Konzept verändert sich im Laufe der Jahre nur leicht: Antje Wegner wird auf der einen Seite etwas offener und detaillierter, z. B. in bezug auf die geschilderten Diskussionen mit ihrem Mann, auf der anderen Seite entwickelt sie zunehmend feste Prinzipien, was in welcher Art und Weise dem Kaiser mitgeteilt werden muß. Besonders deutlich wird dies an den im folgenden genauer beschriebenen Listen über „das Fahren der Leute". In den frühen Briefen geben einige, wenige Sätze darüber Auskunft, welcher Ortsansässige in welche Richtung gegangen oder gefahren ist; in allen späteren Briefen wird deutlich, daß sie konsequent alle Beobachtungen notiert und weitergibt.

Durchschnittlich jeden dritten bis vierten Tag ist eine einviertel bis zwei Seiten lange Berichterstattung über alle an der Kate vorbeifahrenden Menschen in den Brieftext eingebaut; pro Brief umfaßt sie ungefähr zweieinhalb bis drei Seiten. Diese Aneinanderreihung von Namen und Fahrzeugen, die zunächst unabhängig von den Tagesberichten notiert wird, nimmt demnach 20 bis 40 Prozent eines jeden Briefes ein. Überwiegend dienstags oder mittwochs in den Text eingebracht, arbeitet Antje Wegner die vergangenen Tage seit dem letzten Sonnabend oder Sonntag auf; desgleichen fügt sie meist am Wochenende die seit Dienstag oder Mittwoch beobachteten Reisen oder Spaziergänge der Dorfbewohner ein. Die Kate der Wegners liegt direkt an der Chaussee zwischen Albersdorf und Rendsburg; von Jützbüttel aus sind zudem zahlreiche Ortschaften direkt zu erreichen, so z. B. Osterrade oder Bunsoh. Alle Reisenden, die sich zwischen den genannten Orten bewegen, kommen zwangsläufig an Antje Wegners Stubenfenster vorbei, und etliche der Ortsbewohner Jützbüttels müssen automatisch die Kate der Wegners passieren, um Nachbarn oder die umliegenden Dörfer zu erreichen. Beginnend mit dem stereotypen Satz: „... ihr fahret u. rennet ja wohl noch immer furchbar herum, denn Sonnabendmorgen fuhren ..." und abschließend mit den Worten: „... u. so geht es ja immer fort", führt die Verfasserin dazwischen detailliert auf, wer an welchem Wochentag aus welchen Gründen und mit wem wohin gefahren ist. Zusätzlich zu den Namen, Herkunfts- bzw. Zielorten und bestimmten Zuordnungskategorien, wie z. B. „Johann Kühl sein Knecht Otto Kolbe", vermerkt sie oft den Beruf der entsprechenden Person, wie z. B. „der Rademacher Hinrich Franßen". Besonders die Dorfbewohner Jützbüttels beobachtet sie genau und erwähnt, wann ein Nachbar zum Markt nach Heide gefahren ist oder welchen Zug er vermutlich erreichen will. Hierbei scheint sie zahlreiche Informationen einzubringen, die sie in den täglichen Gesprächen mit Nachbarn, Händlern, ihrer Tochter oder ihrem Mann bekommt. Immer wieder fragt sie nach, wer mit dem Möbelwagen vorbeigefahren ist, wer das Mädchen auf dem Rad gewesen sei oder wo gerade geerntet wird. Abgesehen von ihrem Aufwachsen in Albersdorf und ihrer jahrelangen Tätigkeit als Brotträgerin, läßt sich gerade auch durch diese Neugierde die erstaunliche Vielzahl der ihr bekannten Namen und Familienbeziehungen der Dorfbewohner aus mehr oder weniger entfernt gelegenen Orten erklären. Die Fahrzeuge kommentiert sie meist, wenn die Fuhrwerke wieder ohne Laternen gefahren sind, die Leute auf den Rädern so laut klingeln oder ein „Motorrad“ bzw. „Automobil“ vorbeifährt.

Die Ausführungen sind immer wieder von stereotypen Sätzen durchzogen, wenn die Verfasserin die vorbeifahrenden Personen nicht genau zuordnen kann oder deren Zielorte nicht kennt. „Ob hier wieder Herren gewesen sind ...“ vermutet sie, wenn in der Nacht einige Wagen „jagen“; sie erkundigt sich nach Gerichtstagen, wenn am Tag besonders viele Kutschen oder Fuhrwerke nach Albersdorf fahren. Mit ähnlich stereotypen Bemerkungen macht Antje Wegner deutlich, daß sie sich ihrerseits von den Dorfbewohnern Jützbüttels beobachtet fühlt: Verschiedene Personen „lauern hinterm Busch“ oder „rennen nach Oesterrade“; in jedem Fall hat sie das Gefühl, daß sie „streng bewacht“ wird.

Um diese Ausführungen in die Briefe einbauen zu können, sucht sich die Verfasserin in den schriftlich wiedergegebenen Gesprächen mit Händlern oder Nachbarn eine geeignete Stelle, z. B. nach einer Bemerkung über den zunehmenden Zeitdruck und die dementsprechende Eile der Händler. Es ist nicht anzunehmen, daß Antje Wegner ihrem jeweiligen Gesprächspartner die gesamte Liste vorliest, obwohl sich die Kommentare der Händler nach den Ausführungen manchmal auf die letzten Worte daraus beziehen. Wahrscheinlicher ist, daß sie ihre separat geführten Listen im nachhinein in die Tagesberichte einbringt. Daß ihr hierbei die Übergänge nicht immer ganz gelingen, wird deutlich, wenn sich die ersten Sätze der Gesprächspartner nach den eintönigen Beschreibungen direkt auf den Satz beziehen, der vor Beginn dieser Beschreibungen gesagt wurde.

Auffälligkeiten in bezug auf die Sprache und Rechtschreibung

Betreffend die verwendete Sprache und Rechtschreibung fallen zwei Besonderheiten auf: das mehrmalige Verwenden der Umgangssprache Niederdeutsch in den ansonsten durchgehend in Hochdeutsch verfaßten Briefen und einige Rechtschreibfehler in „Fremdwörtern“ oder bei einigen der Verfasserin unbekannten Namen.

Obwohl in Dithmarschen Anfang des 20. Jahrhunderts „Platt“ gesprochen wird, verfaßt Antje Wegner ihre Schriften in Hochdeutsch, was der üblichen, amtlichen Schriftsprache entspricht, die auch in der Schule gelehrt wird. In allen vorliegenden Briefen werden nur verhältnismäßig selten Satzteile oder wenige Sätze in plattdeutscher Sprache wiedergegeben[45]. Hierbei läßt sich weder eine Regelmäßigkeit noch ein besonderer Anlaß dafür erkennen. In den meisten Briefen sind es unwichtige Floskeln eines Besuchers, die in Platt übernommen werden; hierbei wird der entsprechende Satz bzw. Satzteil nahtlos in einen hochdeutschen Satz eingebaut. Die einzige Ausnahme stellt die zweimalige Darstellung des Ausdrucks „ja verdammi“ dar, die im Gegensatz zu allen sonstigen Ausführungen der Verfasserin steht, in denen nie geflucht wird.

In bezug auf die Rechtschreibung fällt auf, daß Antje Wegner durchweg einige Schreibweisen beibehält, die sie in ihrer Schulzeit gelernt hat, obwohl diese schon gegen Ende des 19. Jahrhunderts in Zeitungen oder amtlichen Mitteilungen nicht mehr verwendet werden – Beispiele sind die Wörter „giebt" oder „Unterthanen". Die Bezeichnung für Personen, wie „Er", „Sie" oder „Die" schreibt sie immer groß; zudem verwechselt sie sehr oft Dativ und Akkusativ[46], vermutlich da zwischen diesen in der plattdeutschen Sprache nicht unterschieden wird. Für sie ungewohnte Wörter schreibt sie entsprechend der mündlichen Aussprache auf, wie etwa „Kontasteramt", „rachgierich", „fiel so viel" oder „ausgezeignet". Es wird jedoch deutlich, daß Antje Wegner sich bemüht, Fehler zu korrigieren. Während sie z. B. den Nachnamen einer verheirateten Schwester zunächst falsch schreibt, wird er einige Monate später und in allen darauf folgenden Briefen richtig buchstabiert. Die Verfasserin muß sich also nach der korrekten Schreibweise erkundigt haben und bringt die neuen Informationen sofort in die Briefe ein. Wenn sie den Inhalt von Kreisblättern oder amtlichen Mitteilungen wiedergibt, schreibt sie vermutlich direkt von diesem Papier ab.

Zusammengefaßt ist es offensichtlich, daß das Anfertigen der Briefe für Antje Wegner sehr zeitaufwendig ist. Nichtsdestotrotz – oder besser: gerade deshalb – nehmen die Briefe an den Kaiser im Leben und Alltag der Verfasserin eine wichtige Funktion ein.

Jützbüttel, den 10 April 1910

Se. Majestät Kaiser u. König.

Es fuhren hier noch mehr Leute, welche ich nicht kannte. Detlef Henschen seine Kinder wanderten hier immer bei unserm Hause herum u. so geht es ja immer fort, mit der Kleinbahn können Sie jetz ja furchbar reisen. Ja sagte Schrum, bloß Thies Thießen, Der ist nicht hin zu Tierschau, Dem sind gestern ja zwei Pferde ertrunken. Ich sagte ja, das haben wir auch schon gehört. Dann sagte Er, Johann Höhrmann war so ein starker Kerl, aber Der hat doch los müssen. Ich sagte ja, wenn die Leute sterben wollen u. andere Leute denn zu helfen, denn können Sie Ihm leicht weg schaffen, was hat Er für einen Arzt gehabt? ach sagte Schrum, Dr. Beuck hat Ihm wohl in Behandlung gehabt. Ich sagte ja, Der hat meine Mutter auch behandelt u. meine Mutter sagte den letzten Tag noch zu mir, die Medicin brachte Ihr ins Grab, sonst hätte Sie sich noch wieder erholt, aber Johann Höhrmann u. seine Frau gönnen mir den Platz auf der Welt nicht, wo ich gehe oder stehe, wo ich sitze oder liege, so hat Mutter zu mir gesagt. Ja sagte Schrum, das ist großartig. Ich sagte: ich freue mich, daß unser Vater doch bei meine Schwester in Odderade gestorben ist u. was ist das mit den beiden großen Mädchen gewesen, haben Sie Die auch weg geschafft? ja sagte Schrum, man weiß ja nicht. Ich sagte: da ging auch das bauen los, da wurde das große Haus auch gebaut u. seit dem haben Sie wohl immer gebaut. Ja sagte Schrum, das haben Sie auch, Johann Höhrmann seine Frau hat guten Muth dabei, Sie sagte, Sie kann eben so gut Bauer spielen als Johann Höhrmann. Ich sagte: Die sagt viel zu viel, Die sollte Vater u. Mutter man besser behandelt, denn als Sie mit Johann Höhrmann verheiratet war, lief Sie noch wieder weg u. nachher war Sie in anderen Umständen, denn kam Sie wieder, da wollte Er Ihr fort jagen, denn Er sagte immer, das Kind wäre nicht sein. Ja sagte Schrum, diese Frau wird den Besitz bald aus einander kriegen, denn das ist ein Sprichwort, auf einen Heger kommt einen Feger, was die Alten zusammen gearbeitet haben, das bringt Sie wieder auseinander. Ich sagte ja, das kann gerne sein. Ach sagte Schrum, was ging Er mit den Pferden um. Ich sagte ja, die Pferde, die Vater u. Mutter hatten, als Er Besitzer wurde, die wollte Er tod schlagen u. so wie die Leute uns erzählt haben, denn sind Ihm auch wohl mehrere Pferde tod geblieben. Ja sagte Schrum, Johann Höhrmann ist ein böser Kerl gewesen. Ich sagte ja, das kann gerne sein, aber wer ist der Schuldige? mein Vater hat immer gesagt, der Schuldige war der Amtsvorsteher, da hätte Er von bleiben müssen, denn ehe Johann Höhrmann Soldat wurde, war er ein Mensch, Der war garnicht besser zu machen, Er war so sparsam, als der Krieg 1870–71 mit Frankreich war, den Feldzug hat Er mit gemacht, da hat Er 100 Mark von seine Löhnung zu Hause geschickt, denn Er verbrachte garnichts. Das sparen haben Vater u. Mutter uns gründlich gelernt u. solches Familien-Unglück als wir erlebt haben

Ritzebüttel den 10 April 1910

inspt.

Sr. Majestät Kaiser u. König.

Es fahren hier noch mehr Leute, welche ich nicht kenne. Detlef [illegible] seine Kinder waren hier immer bei unserm Hause herum u. so gehts sie immer fort mit der Kleinbahn [illegible] können [illegible] so furchtbar [illegible]. Sie sagte Schaun, bloß [illegible] der ist nicht hin zu [illegible], denn sind gestern zwei Pferde ertrunken. Ich sagte ja das haben wir auch schon gehört. Dann sagte sie Johann Schumann war so ein starker Kerl, aber der hat auch tot müssen. Ich sagte ja, wenn die Leute sterben wollen u. andere Leute dann zu halten, dann können Sie Ihn leicht weg schaffen, was hat er für einen Arzt gehabt? Auch sagte Schaun, Dr. [illegible] hat Ihn wohl in Behandlung gehabt. Ich sagte ja der hat meine Mutter auch behandelt u. meine Mutter sagte den letzten Tag noch zu mir, die Medizin brachte Ihr ins Grab, sonst hätte Sie sich noch wieder erholt aber Johann Schumann u. seine Frau gönnen mir den Platz auf der Welt nicht wo ich gehe oder stehe, wo ich sitze oder liege, so hat Mutter zu mir gesagt. Sie sagte Schaun, das ist großartig. Ich sagte: ich freue mich, daß unser Vater doch bei meiner Schwester in [illegible] gestorben ist u. was ist das mit den beiden großen Mädchen gewesen, haben Sie die auch weg geschafft? Sie sagte Schaun, man weiß ja nicht. Ich sagte: da ging auch das bauen los, da wurde das große Haus auch gebaut u. seit dem haben Sie wohl immer gebaut. Sie sagte Schaun, das haben Sie auch, Johann Schumann seine Frau hat [illegible] Milch dabei, [illegible] Sie kann aber so gut Dame spielen als Johann Schumann. Ich sagte: die sagt viel zu viel, die sollte Vater u. Mutter man besser behandelt, denn als Sie mit Johann Schumann verheiratet war, lief Sie noch wieder weg u. nachher war Sie in anderen Umständen, dann kriegte Sie wieder, da wollte er Ihr fortjagen, denn er sagte immer das Kind wäre nicht sein. Sie sagte Schaun, diese Frau wird den Besitz bald aus einander kriegen, denn das ist ein Sprichwort, auf einen Sparer kommt einen Feger, was die Alten zusammen gearbeitet haben das bringt Sie wieder auseinander. Ich sagte ja das kann gerne sein. Sie sagte Schaun, was ging er mit den Pferden um. Ich sagte ja, die Pferde die Vater u. Mutter hatten, als er Besitzer wurde, die wollte er tod schlagen u. so wie die Leute uns erzählt haben dann sind Ihm auch wohl mehrere Pferde tod geblieben. Sie sagte Schaun, Johann Schumann ist ein böser Kerl gewesen. Ich sagte ja, das kann gerne sein, aber wer ist der Schuldige: mein Vater hat immer gesagt der Schuldige war der Amtsvorsteher, der hätte so [illegible] bleiben müssen, denn als Johann Schumann Soldat wurde, war so ein Mensch, der war garnicht besser zu machen, er war so sparsam, als der Krieg 1870–71 mit Frankreich war, den Feldzug hat er mitgemacht, da hat er 100 Mark von seiner Löhnung zu Hause geschickt, denn er gebrauchte garnichts, das sparen haben Vater u. Mutter auch [illegible]

[illegible]

das kennen wohl nicht viele Leute, Nein sagte Schrum, das kann gerne sein, was war Johann Höhrmann auch doch ein starker Kerl u. nun ist Er so rasch tod. Ich sagte ja, die Leute sind ja noch tod zu kriegen, denn diesen Frühjahr war hier auch Jemand bei mir zu reden u. als die Person weg war sagte ich sofort zu der Tochter, nun sollst Du man sehen, da muß noch einer wieder tod u. es dauerte man einige Tage, da war Thies Gosch tod u. es wurde gesagt, Antje Gosch wäre viel kranker gewesen, als Thies Gosch. Aber Antje Gosch hat nichts von dem Arzt haben wollen, was glaubst Du da denn von? ja sagte Schrum, da muß man mehr von denken als von sagen. Ich sagte ja, das glaube ich auch. Abends spät u. Nachts jagten mehrere Wagen, ob hier wieder Herren im Dorfe gewesen sind.

Am 25 Juli 1908 gab der Briefträger Maltzen die Zeitung u. ein Schreiben aus Kiel an mir ab, denn sagte Er, es giebt was zu lesen. Ich sagte: das ist gut. Abends kehrte Hans Lemburg ein u. fragte: Antje, soll es was sein? ich sagte ja, unsern Bedarf müssen wir haben u. indem wir es in Ordnung machten fragte ich, Hans, hast Du Dein Heu hinein? ja sagte Er, das Heu haben wir hinein. Ja sagte mein Mann, denn ist der Roggen auch so weit. Ja sagte Hans Lemburg, der Roggen muß wohl noch einige Tage stehen. Ach sagte mein Mann, ich habe heute schon Roggen gemähet u. der war schon so reif, der kann gerne so nach der Mühle geschickt werden. Ja sagte Hans Lemburg, wenn Er so ist, denn ist er gut, denn muß er auch ja gemähet werden. Ja sagte mein Mann, dieses hatte Johann Klehn im Moor gesäet, Er hatte noch zwei Tonnen Roggen auf der Koppel gesäet, den haben wir nun noch nach zu mähen. Ach sagte Hans Lemburg, denn müßt Ihr ja zu sehen, daß Ihr da zwei Tage die Erntekost bei habt, denn müßt Ihr Euch Zeit lassen. Ja sagte mein Mann, das kriegen wir auch wohl zurecht. Ja sagte Hans Lemburg, über den Verkauf trägt sich es ja so zu, sonst hat Claus Klehn ja viel mehr Roggen ausgesäet. Ja sagte mein Mann, solches hat Er früher nicht gekannt. Ich sagte: Claus Klehn hat auch wohl noch viel alten Roggen. Ja sagte Hans Lemburg, das hat Er ja, Der will sich wohl vorsehen.

Den 26 Juli 1908 erzählte die Tochter mir, Freitag, den 24 Juli d. J. ist Frau König nach Antje Thießen Ihrem Hause gewesen u. hat Maria Schrum es vor gescholten, daß Antje Thießen Ihren Knecht Friedrich Martens mit nach dem Tierschau in Heide nehme, denn Christian König solle bei Antje Thießen arbeiten, aber wenn Sie Ihren Knecht mit zu Tierschau nehme, denn hätten Sie selbst Arbeit genug, denn Sie hätten auch einen großen Besitz. Ich sagte: das muß Antje Thießen ja noch, Sie hat sonst ja keinen Fuhrmann, aber das mag Frau König, Die geht hin nach anderen Leuten zu schelten, Sie hat sich früher auch mit Hans Jakob Stolley gescholten u. wenn Christian König Morgens nach Antje Thießen geht zu arbeiten, denn steht Er hier bei unserm Hause noch längere Zeit hinter Peter Kühl seinem Knick u. lauert da herum. Dann trat der Briefträger Maltzen ein u. indem Er die Zeitung auf dem

das können wohl nicht viele Leute. Nun sagte Schümann, das kann gerne sein, ge-
gen Johann Hohmann auch doch ein starker Kerl u. nun ist er so verschwächt. Ich sag-
te ja, die Leute sind ja noch tot zu kriegen, denn diesen Frühjahr war hier auch
Jemand bei mir zu reden u. als die Herren weg waren sagte ich sofort zu der
Tochter, nun sollst du mal sehen, da muß noch einer wieder tot, nun dauerte
man einige Tage, da war Frieda Gosch tot u. es wurde gesagt Antje Gosch
wäre viel kranker gewesen, als Frieda Gosch. Aber Antje Gosch hat nicht von
dem Arzt haben wollen, was glaubst du da denn von? Sie sagte Schümann
da muß man mehr von denken als von sagen. Ich sagte ja, das glaube ich
auch. Abends spät u. Nachts jagten mehrere Wagen, ob hier wieder
Feuer im Dorfe gewesen sind.
Am 25 Juli 1908 gab der Briefträger Maltzen die Zeitung u. ein Schreiben
aus Kiel an mir ab, dann sagte er, es giebt was zu lesen. Ich sagte: das ist gut.
Abends trat Hans Lemburg ein u. fragte: Antje soll es wohl sein? Ich sagte ja,
unseren Bedarf müssen wir haben, dann haben wir es in Ordnung. Nach-
dem fragte ich, Hans, hast du dein Heu herein? Er sagte so, das Heu
haben wir herein. Da sagte mein Mann, dann ist der Roggen auch so
weit. Da sagte Hans Lemburg, der Roggen muß wohl noch einige Tage
stehen. Ach sagte mein Mann, ich habe heute schon Roggen gemäht
u. der war schon so reif, der kann gerne sogleich der Mühle geschickt
werden. Da sagte Hans Lemburg, wenn er so ist dann ist er gut, dann
muß er auch ja gemäht werden. Da sagte mein Mann, dieses Jahr hat Johann
Klahn im Moor gesäet, er hatte noch zwei Tonnen Roggen auf der Koppel
gesäet, den haben wir neulich noch zu mähen. Ach sagte Hans Lemburg
dann müßt Ihr ja zu sehen, daß Ihr die zwei Tage die Fruchtkost bedeckt habt,
dann müßt Ihr Euch Zeit lassen. Da sagte mein Mann, das kriegen wir
auch wohl zurecht. Da sagte Hans Lemburg, über den Verkauf klagt
sich es ja so gut, sonst hat Klaus Klahn ja viel mehr Roggen ausgesät.
Da sagte mein Mann, solches hat er früher nicht gekannt. Ich sagte:
Klaus Klahn hat auch wohl noch viel alten Roggen. Da sagte Hans Lemburg
das hat er ja, der will sich wohl versehen.
Den 26 Juli 1908 erzählte die Tochter mir, Freitag, den 24 Juli d. J. ist Frau
König nach Antje Thießen ihrem Hause gewesen u. hat Marie Schümann
es vorgescholten, daß Antje Thießen ihren Knecht Friedrich Martens mit
nach der Tierschau in Heide nehmen, denn Christian König solle bei
Antje Thießen arbeiten, aber wenn Sie ihren Knecht mit zur Tierschau
nehmen, dann hätten Sie selbst Arbeit genug, denn Sie hätten auch
einen großen Besitz. Ich sagte: das muß Antje Thießen ja noch, Sie
hat sonst ja keinen Fuhrmann, aber das mag Frau König die
Zeit hin nach anderen Leuten zu schelten, Sie hat sich früher auch
mit Hans Jakob Wollerz gescholten u. wenn Christian König Morgens
Antje Thießen geht zu arbeiten dann steht er hier bei unserem Hause
noch längere Zeit hinter Peter Kühl seinem Knick u. lauert da herum.
Dann trat der Briefträger Maltzen ein u. indem er die Zeitung auf den

Koffer legte sagte Er, es giebt was zu lesen. Wir sagten, das ist gut. Danach brachten mein Mann u. die Tochter vor der Thür bischen Heu zusammen, denn es wollte regnen, denn jagten Herman Klehn u. Christian König sogleich nach Oesterrade. Dann zog ein heftiges Gewitter über unsere Gegend, denn weilten Claus Brandt seine Söhne aus Wrohm hier so lange u. mein Mann sprach mit Ihnen von dem Soldatenleben, denn der Eine war 14 Tage zu Übung in Lockstedt u. Der wollte Abends wieder nach Lockstedt reisen.
Am 27 Juli 1908 kehrte Otto Looft ein u. sagte: nun, auf solchen großen Hof muß man Abends spät oder Nachts kommen, denn am Tage haben die Leute keine Zeit, Die mähen jetz ja noch Roggen. Ich sagte: Du kannst kommen wenn Du willst, aber des Nachts mögen wir gerne Ruhe haben, das Nachtwandern, das wollen wir den Leuten überlassen, Die es thun, denn mein Mann u. die Tochter wollten den Roggen gestern Abend noch gerne ab mähen u. da wurde es ja regnen, nun behielten Sie noch ein bischen nach, das mähen Sie jetzt ab. Ja sagte Er, das kann auch ja angehen, Antje Thießen hat Ihr Heu noch garnicht hinein. Ich sagte: wenn es gutes Wetter giebt, denn kriegen Sie das Heu ja noch leicht hinein, Friedrich Martens ist ja 14 Tage Soldat gewesen, sonst hätten Sie Ihr Heu wohl schon hinein gehabt u. das kriegen Sie jetz auch noch leicht. Ja sagte Er, das thun Sie auch, Frau Wegner, ich habe Eile, bestellen Sie man rasch was Sie haben wollen u. das that ich auch u. Er eilte fort. Dann kamen mein Mann u. Die Tochter hinein, denn sagte die Tochter, als Otto Looft eben nach Oesterrade fuhr, denn tränkte Antje Thießen die Kälber hier unten bei unserm Garten, denn fragte Sie Otto Looft, hat Sie Dich hier was ab gekauft? welche hier fragte Otto Looft Ihr? ja Sie hier hätte Antje Thießen gesagt, Mutter, Sie meinte Dich ja wohl. Ja das hat Sie, hätte Otto Looft gesagt, warum sollte Sie mir nichts abkaufen? hat Sie denn auf mich gescholten? nein hätte Antje Thießen gesagt, das wüßte Sie nicht. Ich sagte: Antje Thießen kann mich man in Ruhe lassen, denn ich bin Ihr noch niemals zu Last gekommen. Nein sagte die Tochter, das sind wir auch nicht.
Den 28 Juli 1908 gab der Briefträger Maltzen die Zeitung draußen an die Tochter ab. Dann brachte Otto Looft die Waaren u. indem wir es in Ordnung machten sagte ich, ach, Du kannst ja wohl 10 Mark wechseln, ich habe sonst nicht so viel Geld. Ach sagte Er, 10 Mark, das kann ich vielleicht, sonst ist das Wechselgeld immer knapp. Ich sagte ja, das wird mit knapp, sonst hast Du ja Geld genug, Du holst ja jeden Tag Geld. Ja sagte Er, man muß zu viel wieder aus geben, denn wir haben zu viele Ausgaben. Ich sagte: klage man nicht, denn Du weiß noch garnicht was knapp ist. Nein sagte die Tochter, Otto Looft, das kennst Du nicht. Ja sagte Er, das will ich auch nicht sagen. Ich fragte: was fährst Du, was hast Du da auf dem Wagen? ach sagte Er, das sind Bügel zu den Sensen. Ich sagte: nun, hausierst Du da auch mit? denn kannst Du ja furchbar fahren, denn Ihr jaget u. rennet ja noch furchbar herum, denn Sonnabend morgen um 4 Uhr fuhren Wagen nach Albersdorf, denn gingen Emma König

Koffer legte sagte sie es giebt was zu lesen. Wir sagten das ist gut. nachher bra-
ten mein Mann u. die Tochter vor der Thür bischen Heu zusammen, denn es wollte reg-
nen, dann jagten Hermann Klose u. Christian König zugleich nach Osterrode. dann
zog ein heftiges Gewitter über unsere Gegend, dann wollten Klaus Brandt sein
Sohn und Kroger hier so lange u. mein Mann sprach mit ihnen von dem
Soldatenleben, denn der hier war 14 Tage zur Übung in Lockstedt u. der
wollte Abends wieder nach Lockstedt reisen.
Am 27 Juli 1908 sahste Otto Lorst ein u. sagte: nun, auf solchen großen Hof muß
man Abends spät oder Nachts kommen, denn am Tage haben die Leute keine
Zeit, die mähen jetzt ja noch Roggen. Ich sagte: du kannst kommen wann
du willst, aber des Nachts müssen wir gerne Ruhe haben, das Nachtwandern, das
wollen wir den Leuten überlassen, die es thun, denn mein Mann u. die Tochter
wollten den Roggen gestern Abend noch gerne abmähen u. da würde es ja
regnen, nun behalten Sie noch ein bischen nach, das mähen Sie jetzt ab.
Ja sagte er, das kann auch ja angehen, Antje Thießen hat ihr Heu noch garnicht
hinein. Ich sagte: wenn es gutes Wetter giebt, dann kriegen Sie das Heu
ja noch leicht hinein, Friedrich Martens ist ja 14 Tage Soldat gewesen, sonst
hätten Sie ihr Heu wohl schon hinein gehabt u. das kriegen Sie jetzt auch noch
leicht. Ja sagte er, das thun Sie auch, Frau Wagner, ich habe Eile, bestellen
Sie man rasch was Sie haben wollen u. das that ich auch u. er eilte fort.
dann kamen mein Mann u. die Tochter hinein, dann sagte die Tochter,
als Otto Lorst aber nach Osterrode fuhr dann kaufte Antje Thießen die
Kälber hier unten bei unserem Garten, dann fragte Sie Otto Lorst, hat
Sie dich hier was ab gekauft? welche hier fragte Otto Lorst ihr? ja sie hier
hätte Antje Thießen gesagt, Mutter, Sie meinte dich ja wohl. Jawohl hat
Sie hätte Otto Lorst gesagt, warum sollte Sie mir nichts abkaufen? hat
Sie denn auch noch geschalten? nein hätte Antje Thießen gesagt, das
wüßte Sie nicht. Ich sagte: Antje Thießen kann mich man in Ruhe lassen,
denn ich bin ihr noch niemals zur Last gekommen. Nein sagte die Tochter,
das sind wir auch nicht.
den 28 Juli 1908 gab der Briefträger Meltzer die Zeitung draußen an
die Tochter ab. dann brachte Otto Lorst die Waaren u. indem wir die
Ordnung machten sagte ich, ach, du kannst ja wohl 10 Mark wechseln,
ich habe sonst nicht so viel Geld. Er sagte so, 10 Mark, das kann ich wirklich
sonst ist das Wechselgeld immer knapp. Ich sagte ja das wird wohl knapp
sonst hast du ja Geld genug, du holst ja jeden Tag Geld. Ja sagte er, man
muß gut viel wiederaus geben, denn wir haben gut viele Ausgaben.
Ich sagte: klage man nicht denn du weißt noch garnicht was knapp ist.
Nein sagte die Tochter, Otto Lorst, das kannst du nicht. Ja sagte er das
will ich auch nicht sagen. Ich fragte: was fährst du, was hast du da
auf dem Wagen? ich sagte er, das sind Kegel zu den Leuten.
Ich sagte: nun, fährst du da auch mit? dann kannst du ja sich-
bar fahren, denn ihr jagt ja wohl ja noch sicher heraus, dann kommt
morgen um 4 Uhr fahren Wagen nach Albersdorf, dann gingen sie man...

Marx Harländer aus Bunsoh nach Oesterrade, Otto Thode fuhr diesen Weg entlang nach Lendern, der Müller Johannes Reimers aus Albersdorf u. ein Knabe, Voss aus Bunsoh, Hans König, Johann Junge, Claus Delfs seine Söhne aus Albersdorf, Friedrich Sierks seine Tochter aus Immenstedt, Emma Ploog, Heinrich Thießen, Hermann Klehn, Hermann Rolfs, der kl. Hans König, Johann Schmatt aus Bunsoh, Joachim Stelk aus Albersdorf, Heinrich Carstens u. seine Frau u. die Kinder aus Röst, fuhren nach Oesterrade, Hinrich Warringholz seine Dienstmagd Anna Suhr ging hier nach Jützbüttel, Johann Hinrichs, Hans Warringsholz u. Abel Warringholz u. ein Mädchen, Johann Hölk aus Wrohm, der Rademacher Hinrich Franßen sein Sohn, Johann Ehlers sein Sohn, Jürgen Volkers fuhren nach Albersdorf, es fuhren hier noch mehr Leute, welche ich nicht kannte. Detlef Henschen seine Kinder u. Johann Junge wanderten hier auf der Chaussee u. Abends spät u. Nachts jagten hier mehrere Wagen. Sontagmorgen fuhren Hans König, Claus Meyer u. Fritz Scheele u. Einer mehr, Claus Delfs sein Sohn, Claus Johann Thode u. Einer mehr, der Briefträger Johann Ploog u. Wilhelm Möller aus Albersdorf, Irene Gosch, Hinn Blohm, Hinrich Voß, der kl. Hans König mit dem Backwerk, Hans Speck, Johann Speck, Loise Timm aus Wennbüttel u. mehrere Personen, Hinrich Delfs u. seine Tochter aus Bunsoh u. mehrere Personen, der kl. Hans König noch wieder, Hermann Struve u. seine Frau u. die Kinder aus Tensbüttel, Johann Thede, Peter Thießen u. Johannes Peters aus Albersdorf u. ein Frauenzimmer, Hans Schwien und seine Frau u. die Tochter aus Bunsoh nach Oesterrade, Thies Thießen u. seine Frau u. die Tochter gingen hier nach Jützbüttel, Hermann Klehn, Christian König, Franz Kalvin, der kl. Hans König u. Irene Gosch noch wieder fuhren nach Oesterrade, Marx Wittorf, Jürgen Suhr u. seine Frau u. ein Knabe, Johann Martens, Hans Christian u. seine Frau, Johann Lohmann u. seine Frau, Claus Carstens aus Lüdersbüttel, Johann Hinrichs u. seine Frau u. die Kinder, Marx Thöming u. sein Sohn aus Schelrade u. Einer mehr, Hans Jakob Peters u. zwei Personen mehr, Johann Hölk aus Wrohm fuhren nach Albersdorf, es fuhren hier noch viel mehr Leute, welche ich nicht kannte. Irene Gosch fuhr hier auf dem Rade hin u. her auf der Chaussee u. Abends spät u. Nachts jagten die Wagen auch doch ganz großartig, ob hier Nachts wieder Herren im Dorfe gewesen sind. Montagmorgens früh jagten mehrere Leute auf Rädern nach Albersdorf u. auch nach Oesterrade, dann fuhr ein Herr auf dem Rade nach Oesterrade, Jakob Seck aus Heikenstruck fuhr diesen Weg entlang nach Hans König hin, Marx Harländer aus Bunsoh, Heinrich Thießen, der Hausierer Claus Sievers aus Albersdorf u. Einer mehr, Fritz Frahm u. Einer mehr, fuhren nach Oesterrade, Hans Schümann u. Hinrich Warringholz seine Dienstmagd Anna Suhr waren hier nach Jützbüttel, dann jagte ein Automobil mit vier Personen nach Oesterrade u. es kam bald mit drei Personen wieder, Antje Henschen u. Else Henschen, der kl. Hans König, Claus Staben aus Immenstedt, Johann Kühl, der kl. Hans König noch wieder, waren nach Oesterrade, Hermann Speck u. Johannes Giese gingen diesen Weg entlang nach Hans König hin.

Marx Harländer aus Bunsoh ging nach Osterrade, Otto Thode fuhr diesen Weg entlang nach Lunden, der
Müller Johannes Reimers aus Albersdorf u. ein Knabe, Voß aus Bunsoh, Hans König, Johann
Junge, Klaus Delfs sein Sohn aus Albersdorf, Friedrich Wertt seine Tochter aus Immenstedt,
Emma Ploog, Heinrich Thießen, Hermann Rahe, Hermann Rolfs, der Kl. Hans König,
Johann Schmidt aus Bunsoh, Joachim Voltz aus Albersdorf, Heinrich Carstens u. seine
Frau u. die Kinder aus Röst, fuhren nach Osterrade, Hinrich Marringholz seine Dienst-
magd Anna Rohr ging hier nach Jutzbüttel, Johann Hinrichs, Hans Marringholz
u. Abel Marringholz u. ein Mädchen, Johann Gölk aus Wrohm, der Radmacher
Hinrich Krausen sein Sohn, Johann Ehlers sein Sohn, Jürgen Wolters fuhren
nach Albersdorf, es fuhren hier noch mehr Leute, welche ich nicht kannte. Detlef Hansen
seine Kinder u. Johann Junge wanderten hier auf der Chaussee u. Abends spät
u. Nachts jagten hier mehrere Wagen. Dienstagmorgen fuhren Hans König, Klaus
Meyer u. Fritz Schulz u. einer mehr, Klaus Delfs sein Sohn, Klaus Johann Thode u.
einer mehr, der Briefträger Johann Ploog u. Wilhelm Möller aus Albersdorf
Frau Jöhs, Hinn Bohn, Hinrich Voß, der Kl. Hans König mit dem Lastkraftw.,
Hans Voßt, Johann Voßt, Luise Timm aus Wennbüttel u. mehrere Personen, Hinrich
Delfs u. seine Tochter aus Bunsoh u. mehrere Personen, der Kl. Hans König noch
wieder, Hermann Bruns u. seine Frau u. die Kinder aus Tensbüttel, Johann
Thode, Peter Thießen u. Johannes Peters aus Albersdorf u. ein Frauenzimmer,
Hans Schümann u. seine Frau u. die Tochter aus Bunsoh nach Osterrade, Hans Thießen u.
seine Frau u. die Tochter gingen hier nach Jutzbüttel, Hermann Rahe, Christian König,
Franz Kalsen, der Kl. Hans König u. Frau Jöhs noch wieder fuhren nach Osterrade.
Marx Mittorf, Jürgen Rohr u. seine Frau u. ein Knabe, Johann Martens, Hans
Christian u. seine Frau, Johann Lohmann u. seine Frau, Klaus Carstens aus
Süderbüttel, Johann Hinrichs u. seine Frau u. die Kinder, Marx Thöning u. sein Sohn
aus Odderade u. einer mehr, Hans Jakob Peters u. zwei Personen mehr, Johann Gölk
aus Wrohm fuhren nach Albersdorf, es fuhren hier noch viel mehr Leute, welche ich
nicht kannte. Frau Jöhs fuhr hier auf dem Rade hin u. her auf der Chaussee u.
Abends spät u. Nachts jagten die Wagen auch so ganz großartig, ob hier Nachts
wieder Herren im Dorfe gewesen sind. Montagmorgen früh jagten mehrere
Leute auf Rädern nach Albersdorf u. auch nach Osterrade, dann fuhr ein Herr
auf dem Rade nach Osterrade, Jakob Voß aus Grünental fuhr diesen Weg
entlang nach Hans König hin, Marx Harländer aus Bunsoh, Heinrich Thießen,
der Hausierer Klaus Peters aus Albersdorf u. einer mehr, Fritz Frahm u. einer
mehr, fuhren nach Osterrade, Hans Schümann u. Hinrich Marringholz seine Dienst-
magd Anna Rohr waren hier nach Jutzbüttel, dann jagte ein Automobil
mit vier Personen nach Osterrade u. es kam bald mit drei Personen wieder,
Antje Hansen u. Else Hansen, der Kl. Hans König, Klaus Hartmann aus
Immenstedt, Johann Kühl, der Kl. Hans König noch wieder, waren nach
Osterrade, Hermann Voß u. Johannes Giese gingen diesen Weg entlang nach
Hans König hin.

Hans Dohse aus Schelrade, Friedrich Buhmann aus Dellstedt, Christian Köegebehn, Johann Hölk aus Wrohm, Peter Hanßen, Hans Thode, Telsche Tödter aus Schelrade Ihren Knecht, Hans König u. der kl. Hans König fuhren nach Albersdorf, es fuhren hier noch mehr Leute, welche ich nicht kannte. Detlef Henschen seine Kinder u. der kl. Hans König wanderten hier wieder auf der Chaussee u. Abends spät im dunkeln jagten mehrere Wagen. Dienstagmorgen waren Gustav Blank, Marx Harländer aus Bunsoh, Claus Delfs seine Söhne und Wilhelm Fischer aus Albersdorf nach Oesterrade, der alte Hans Henschen aus Offenbüttel fuhr hier nach Detlef Henschen, Anna Suhr ging hier nach Jützbüttel, dann jagte ein Automobil mit drei Personen nach Oesterrade, der Bierfuhrmann Johann Thießen aus Albersdorf, Johann Thießen u. seine Mutter u. ein Knabe aus Arkebek, der kl. Hans König, der Hausierer Claus Sievers u. Claus Delfs seine Söhne aus Albersdorf, Hermann Klehn, Hinrich Delfs seine Leute aus Bunsoh, der Bierfuhrmann Hans Schröder aus Albersdorf fuhren nach Oesterrade. Johann Schlüter, Heinrich Ehlers sein Knecht Johann Claussen, Claus Thede Wittmack u. Anna Wittmack u. zwei Personen mehr, Kellermann sein Sohn, Claus Gosch aus Christianshütte, Einer von Johann Ratjens seinen Söhnen, der Kaufmann Matthiesen u. ein Knabe, Johann Hölk aus Wrohm u. ein Frauenzimmer, Jürgen Volkers, Johann Struve u. seine Frau, Heinrich Ehlers sein Knecht Johann Claussen noch wieder u. mehrere Personen, Hans Schnoor u. Einer mehr, Ernst Böe sein Knecht fuhren nach Albersdorf, Ernst Böe holte vier Personen von Albersdorf u. fuhr Sie Abends wieder hin, Johann Ehlers seine Frau u. ein Mädchen holten Johann Ehlers von Albersdorf, ob Johann Ehlers vielleicht nach Meldorf gewesen ist, es fuhren hier noch mehr Leute, welche wir nicht kannten. Detlef Henschen seine Kinder wanderten hier auf der Chaussee u. so geht es ja immer fort. Ja sagte Er, das kann gerne sein. Abends spät u. Nachts jagten mehrere Wagen. Abend hätte Auguste Kühl die Tochter es geklagt, Peter Kühl könne das Garben binden nicht mehr u. es wären keine Leute zu kriegen u. denn hätte Auguste Kühl auch mit Dora Stegelmann gesprochen u. Wilhelmine Thießen hätte gesagt, nun, wenn ich mal weg bin, denn geht Ihr ja wohl hin nach Dora Stegelmann u. spricht mit Ihr. Nein hätte Auguste Kühl gesagt, das thun wir nicht. Als die Tochter mir es sagte: denn sagte ich, Die hat ja kein reines Gewissen, Die ist ja immer bange, das die Leute über Ihr sprechen. Ja sagte die Tochter, im Maimonat d. J. sind Martha Sönksen u. Margretha Sönksen Abends auch mal nach Wilhelmine Thießen gegangen u. Die ist nach Heinrich Thießen gewesen, denn bleiben Sie da Abens bei Dora Stegelmann u. denn hätte Wilhelmine Thießen auch gesagt, Sie gingen wohl nach Dora Stegelmann, wenn Sie nicht im Hause wäre. Ich sagte: ich soll durchaus bummlich sein, wenn Sie man nicht selbst bummlich werden. Ja sagte die Tochter, das ist auch zu arg mit den Leuten.

Am 2 Juli 1908 sagte die Tochter, ich will Peter Kühl Nachmittags binden helfen, da können Sie uns Torf für holen. Ich sagte ja, wenn ich im Hause umher gehen kann, denn helfe Ihm man, denn Peter Kühl ist alt. Ja sagte die Tochter, das will ich auch. Dann gab der Briefträger Maltzen die Zeitung draußen an die Tochter ab. Danach brachte Anna Kühl mich was Essen, welches ich mit Dank an nahm u. die Tochter ging nachmittags hin u. half Peter Kühl bei dem Garben binden. Abends sagte ich zu meinem Manne, heute Mittag jagte

Forts.

Hans Dohse aus Schelrade(?), Friedrich Bühmann aus Dellstedt, Christian Kruse(?), Johann Gölk aus Mörel, Peter Hansen, Hans Thede, Detlef Tödter aus Schelrade(?) Ihre Knecht, Hans König u. der Kl. Hans König fuhren nach Albersdorf, es fuhren hier noch mehr Leute, welche ich nicht kannte. Detlef Hauschen seine Kinder u. der Kl. Hans König wanderten hier wieder auf der Chaussee u. Abends spät im dunkeln jagten mehrere Wagen. Dienstag morgen waren Gustav Blank(?), Marx(?) Harländer aus Bunsoh(?), Klaus Delfs seine Söhne u. Wilhelm Fischer aus Albersdorf nach Osterrade, der alte Hans Hauschen aus Offenbüttel fuhr hier nach Detlef Hauschen, Acht Uhr ging hier nach Jützbüttel(?), dann jagte ein Automobil mit drei Personen nach Osterrade, der Bierfuhrmann Johann Thießen aus Albersdorf, Johann Thießen u. seine Mutter u. ein Knabe aus Katzbek(?), der Kl. Hans König, der Hausierer(?) Klaus Tiarks(?) u. Klaus Delfs seine Söhne aus Albersdorf, Hermann Rohs(?), Heinrich Delfs seine Leute aus Bunsoh(?), der Bierfuhrmann Hans Schröder aus Albersdorf fuhren nach Osterrade. Johann Schlüter, Heinrich Ehlers sein Knecht Johann Claussen, Klaus Thede Wittmaack u. Anna Wittmaack u. zwei Personen mehr, Kellermann sein Sohn, Klaus Voss aus Hostermoorhütte(?) u. zwei Personen mehr, Einer von Johann Ratjens seinen Söhnen, der Kaufmann Matthießen u. ein Knabe, Johann Gölk aus Mörel u. ein Frauenzimmer, Jürgen Wolters, Johann Struve(?) u. seine Frau, Heinrich Ehlers sein Knecht Johann Claussen nach wieder u. mehrere Personen, Hans Schnoor u. einer mehr, Ernst Bär(?) sein Knecht fuhren nach Albersdorf, Ernst Bär(?) holte vier Personen von Albersdorf u. fuhr die Abends wieder hin, Johann Ehlers seine Frau u. ein Mädchen holten Johann Ehlers von Albersdorf, ob Johann Ehlers vielleicht nach Meldorf gewesen ist, es fuhren hier noch mehr Leute, welche wir nicht kannten. Detlef Hauschen seine Kinder wanderten hier auch der Chaussee u. fragten es zu(?) immer fort. Sie sagte so das kann ganz sein. Abends spät u. Nachts jagten mehrere Wagen. Abends hatte Auguste Kühl die Tochter es gefragt, Peter Kühl könne das Garbenbinden nicht mehr u. es wären keine Leute zu kriegen u. dann hätte Auguste Kühl auch mit dem Ziegelmann gesprochen u. Wilhelmine Thießen hätte gefragt nun, wenn ich mal weg bin, dann geht Ihr ja wohl hin nach dem Ziegelmann u. sprecht mit Ihr. Nun hatte Auguste Kühl gesagt das thun wir nicht. Als die Tochter mir es sagte: dann sagte ich, die hat ja kein reines Gewissen, die ist ja immer bange, daß die Leute über Ihr sprechen. Sie sagte die Tochter, im Maimonat d. J. sind Martha Kühlsen(?) u. Margaretha Kühlsen(?) Abends auch mal nach Wilhelmine Thießen gegangen u. die ist nach Heinrich Thießen gewesen, dann bleiben sie den Abend bei dem Ziegelmann u. dazu hätte Wilhelmine Thießen auch gesagt, sie gingen wohl nach dem Ziegelmann, wenn sie nicht im Hause wäre. Ich sagte: ich soll durchaus bekümmert(?) sein, wenn sie man nicht selbst behumpelt(?) werden. Sie sagte die Tochter, das ist auch zu arg mit den Leuten.

Am 27 Juli 1908 sagte die Tochter, ich will Peter Kühl Nachmittags binden helfen, da können sie auch Torf für holen. Ich sagte ja, wenn ich im Hause allein(?) gehen kann, dann helft Ihr man. Denn Peter Kühl ist alt. Sie sagte die Tochter, das will ich auch. Dann gab der Briefträger Maltzen die Zeitung draußen an die Tochter ab. Danach brachte Anna Kühl auch das Essen, welches ist mit [illegible] u. die Tochter ging Nachmittags hin u. half Peter Kühl bei den [illegible]

Hier Jemand das Rad vom Wagen u. Ihr waret Ihm ja noch behülflich, wer war das? ach sagte mein Mann, das war Claus Wilhelm Marx sein Sohn aus Wellerhoop. Ich sagte: Der kam ja wohl von Albersdorf u. brach hier bei unserm Hause mit seinem Wagen nieder, ob der Leute zu den Mittagszügen nach Albersdorf gefahren hat? ja sagte mein Mann, das hat Er wohl. Ich sagte ja, die Leute jagen ganz großartig herum, hier fahren ganze Wagen voll Leute nach Oesterrade u. auch diesen Weg entlang nach Lendern u. kommen nachher wieder aus diesem Weg, ob Sie nach Lendern herum u. denn nach Oesterrade fahren. Ja sagte mein Mann, das kann ja gerne sein. Ich sagte: wenn die Leute alle so nach Kiel reisen, als Sie hier herum jagen, denn hat die Eisenbahn auch ja noch Verdienst da von, das ist ja ganz großartig u. mein Mann schwieg. Dann brachte Auguste Kühl mich was Essen, welches ich mit Dank an nahm.

Den 30 Juli 1908 gab der Briefträger Maltzen die Zeitung an mir ab u. sagte: es giebt was zu lesen. Ich sagte: das ist gut. Dann ging die Tochter hin u. half Peter Kühl bei dem Binden u. Anna Kühl brachte mir was Essen, welches ich mit Dank an nahm.

Am 31 Juli 1908 gab der Briefträger Maltzen die Zeitung draußen an die Tochter ab. Dann ging die Tochter nach unserm Arzt dem Herrn Dr. Schaumann u. nach der Apotheke u. holte mir Verbandwasser u. brachte ein Brief an Euer Majestät nach dem Bahnhof u. steckten den Brief im Postkasten am Zuge. Als Sie wieder kam sagte Sie, Mutter, das geht nicht mehr in Albersdorf, da kriege ich keine Briefe mehr weg, denn als ich den Brief ein gesteckt hatte, sagte der Briefträger Johann Timm was zu dem Postschaffner, Der im Zuge war u. Er zeigte mit dem Finger auf mich, denn sagte der Postschaffner zu Ihm: ja auf der anderen Seite. Ich glaube nicht, daß der Brief so hin nach Berlin kommt. Ich sagte: sei man still wir werden noch mehr erleben. Ja sagte Sie, ich bin mit Schrum her gefahren, Der kommt auch bald, Schrum sagte zu mir, Johann Junge u. seine Frau könnten sich ja wohl garnicht vertragen, Johann Junge wäre es bei seine Mutter gewohnt, daß die Leute tüchtig was zu essen kriegten u. die Frau wollte den Leuten nichts zu essen geben. Ich sagte: das ist nicht wahr, solches kann Schrum man behalten, denn das wird immer gesagt, daß Johann Junge u. seine Frau Ihren Leuten tüchtig was zu essen geben. Danach trat der Waarenhändler Schrum ein u. fragte: ist die Mittagsstunde vorbei? ich sagte ja, ich muß ja wieder aus dem Bett, sonst kannst Du ja nicht hinein kommen. Ja sagte Er, sind Sie wohl nicht gut? ich sagte nein, ich bin ja fortwährend leidend, ich bin in diesen Jahren noch niemals gesund gewesen, ich muß mich am Tage immer zu Ruhe begeben. Ja sagte Er, das ist auch wohl so. Ich fragte: wie ist es, sind die Leute in Albersdorf auch schon bei zu Roggen mähen? ja sagte Er, Einige fangen an zu mähen u. Einige fangen an zu fahren, so ist es ja immer. Ich sagte ja, das ist es auch. Als Schrum von Oesterrade kam brachte Er unsere Sachen mit von der Mühle u. ich fragte: hier fuhr ein Leichenwagen vorbei, der kam ja wohl aus Kiel, was sollte das für Einer gewesen sein? ja sagte Schrum, ich weiß nicht, Der gehört ja vielleicht weiter weg. Ich sagte ja, das kann auch gerne sein. Ja sagte Schrum, hier fuhr auch ja wieder ein Motorwagen. Ich sagte ja, die jagen hier jetz ja öfters, denn die Leute jagen u. rennen ja noch furchbar herum, denn Mittwochmorgen ritten Hans Jakob Thießen u. Claus Warringholz sein Sohn aus Husum, der

hier jemand das Rad vom Wagen u. Ihr waret ihm ja noch behilflich, war es das? ach
sagte mein Mann, das war Claus Wilhelm Marx sein Schwiegersohn Wallerhoog(?). Ich sagte:
der kam ja wohl von Albersdorf u. brach hier bei unserm Hause mit seinem Wagen
nieder, ob der Leute auf den Mittagszügen nach Albersdorf gefahren hat? Da sagte
mein Mann, das hat er wohl. Ich sagte ja, die Leute ziehen ganz großartig herum,
hier fahren ganze Wagen voll Leute nach Osterrade u. auch diesen Weg entlang
nach Lenden(?) u. kommen nachher wieder auf diesen Weg, ob sie nach Lunden(?)
herum u. dann nach Osterrade fahren. Da sagte mein Mann, das kann ja gut
sein. Ich sagte: wenn die Leute alle so nach Kiel reisen, als sie hier herum
ziehen, dann hat die Eisenbahn auch ja noch Verdienst dabei, das ist ja ganz
großartig u. mein Mann schwieg. Dann brachte Auguste Kuhl mir was Essen,
welches ich mit Dank annahm.
Den 30 Juli 1908 gab der Briefträger Maltzen die Zeitung an mir ab u. sagte:
es giebt was zu lesen. Ich sagte: das ist gut. Dann ging die Tochter hin u. half
Peter Kuhl bei dem Binden u. Anna Kuhl brachte mir was Essen, welches ich mit
Dank annahm.
Am 31 Juli 1908 gab der Briefträger Maltzen die Zeitung draußen an die Tochter
ab. Dann ging die Tochter nach unserm Arzt dem Herrn Dr. Schoelermann(?) u. nach
der Apotheke u. holte mir Verbandwasser u. brachte ein Brief an Seine Majestät
nach dem Bahnhof u. steckten den Brief in Postkasten am Zuge. Als sie wieder
kam sagte sie, Mutter, das geht nicht mehr in Albersdorf, da bringe ich keine
Briefe mehr weg, denn als ich den Brief eingesteckt hatte, sagte der Brief-
träger Johann Timm(?) was zu dem Postschaffner, der im Zuge war u. er
zeigte mit dem Finger auf mich, dann sagte der Postschaffner zu ihm,
sie auf der anderen Seite. Ich glaube nicht, daß der Brief so hin nach Berlin
kommt. Ich sagte: sei man still wir werden noch mehr erleben. Sie sagte:
ich bin mit Johann her gefahren, der kommt auch bald, Johann sagte zu mir,
Johann Junge u. seine Frau könnten sich ja wohl garnicht vertragen,
Johann Junge wäre es bei seine Mutter gewohnt, daß die Leute tüchtig
was zu essen kriegten u. die Frau wollte den Leuten nichts zu essen
geben. Ich sagte: das ist nicht wahr, solches kann Johann man behalten, da
das wird immer gesagt, daß Johann Junge u. seine Frau ihren Leuten
tüchtig was zu essen geben. Danach trat der Warenhändler Johann ein
u. sagte: ist die Mittagsstunde vorbei? ich sagte ja, ich muß ja wieder aus
dem Bett, sonst kannst du ja nicht herein kommen. Da sagte er, sind Sie
wohl nicht gut? ich sagte nein, ich bin ja fortwährend leidend, ich bin in
diesen Jahren noch niemals gesund gewesen, ich muß mich am Tage dann
zur Ruhe begeben. Da sagte er das ist auch wohl so. Ich fragte: wie ist es,
sind die Leute in Albersdorf auch schon bei zu Roggen mähen? Ja sagte
er, einige fangen an zu mähen u. einige fangen an zu fahren, so ist
es ja immer. Ich sagte ja, das ist es auch. Als Johann von Osterrade kam
brachte er unsere Kasten(?) mit von der Mühle. Ich fragte: hier fuhr ein Sachsen-
wagen vorbei, der kam ja wohl aus Kiel was sollte das für einer gewesen
sein? Ja sagte Johann, ich weiß nicht der gehört ja vielleicht weiter weg.
Ich sagte ja, das kann auch gerne sein. Da sagte Johann, hier fuhr auch jemand
im Motorwagen. Ich sagte ja die ziehen hier jetzt ja öfters, denn die Leute
jagen u. rennen ja noch furchtbar herum, denn Mittwochmorgen [illegible]
[illegible] Jakob Thiessen(?) [illegible]

weilte hier bei Hans Gosch, nach Oesterrade, Marx Haarländer u. Voss aus Bunsoh, Hans Speck, der kl. Hans König, Heinrich Maas aus Großenbornholdt, die kl. Antje Thießen, Anna Thießen, der kl. Hans König mit dem Backwerkskorb, Claus Thode aus Albersdorf fuhren nach Oesterrade, Johann Ehlers sein Sohn fuhr hier ja wohl nach Claus Klehn u. Hermann Klehn fuhr mit Ihm nach Oesterrade, denn jagte ein Herr auf ein Motorrad nach Oesterrade u. Der kam bald wieder, der Bierfuhrmann Johann Thießen aus Albersdorf, Anna Henschen u. Martha Henschen, Julius Lala, der kl. Hans König noch wieder, Claus Delfs sein Sohn aus Albersdorf, Wiebke Klehn u. Emma Klehn, Heinrich Fliegel u. Gustav Fliegel, der kl. Hans König noch wieder waren nach Oesterrade. Hans Franßen, Hans König, Johann Ehlers sein Sohn, Thies Thießen u. der Rademacher Hinrich Franßen Ihre Frauen, Claus Eggers von Schormoor u. zwei Personen mehr, Claus Wilhelm Marx sein Sohn aus Wellerhoop fuhren nach Albersdorf u. Catharina Ploog war an dem Tage nach Meldorf, es fuhren hier noch mehr Leute, welche ich nicht kannte. Johann Kühl seine Kinder, Hans Jakob Sönksen u. der kl. Johann Thießen wanderten hier auf der Chaussee u. Abends spät u. Nachts jagten mehrere Wagen, ob hier wieder Herren im Dorfe gewesen sind. Donnerstagmorgen gingen Hans Gosch, Marx Harländer aus Bunsoh, der kl. Hans König, der kl. Peter Kühl u. Anna Kühl, Anna Thießen nach Oesterrade, Claus Klehn ging diesen Weg entlang nach Hans König hin, Voss aus Bunsoh u. ein Mädchen, Wilhelm Fischer, Irene Gosch, der Bäcker Johannes Sierks aus Albersdorf fuhren nach Oesterrade, denn kam ein Herr auf ein Motorrad von Oesterrade, Hans Henschen aus Offenbüttel fuhr hier nach Detlef Henschen, Emma Klehn, Hinrich Voss, Hans Gosch, die kl. Antje Thießen, Franz Kalvin fuhren nach Oesterrade. Johann Schlüter, Telsche Tödter aus Schelrade Ihren Knecht u. ein Knabe, Friedrich Sierks aus Christianshütte, Johann Thießen aus Lendern, Thies Thießen sein Sohn Peter Thießen, Claus Brandt aus Wrohm u. vier Personen mehr, Marx Wittorf, Willy Wittorf, Hinrich Fock, Hans Franßen, Johann Jakob Ehlers, Christian Köegebehn, Ernst Böe, Hans Warringholz u. Hinrich Warringholz u. mehrere Personen, Otto Looft, Hinrich Kobrock fuhren nach Albersdorf, es fuhren hier noch mehr Leute, welche ich nicht kannte. Mittags trat ich mal aus der Thür, denn gingen mein Mann u. Hinrich Voß vorbei u. Nachmittag wanderten die Kinder aus Jützbüttel vor unserm Hause in Antje Thießen Ihre Wiese, Detlef Henschen seine Kinder wanderten hier auf der Chaussee Abends fuhr Hinrich Voß hier auf dem Rade hin u. her auf der Chaussee u. Abends spät jagten mehrere Wagen. Freitagmorgen ging Marx Harbänler aus Bunsoh nach Oesterrade, dann fuhren zwei Herrn nach Oesterrade, Johann Hölk aus Wrohm fuhr hier nach Jützbüttel, Otto Thode, der kl. Hans König, Anna Henschen u. Else Henschen, Rudolph Boljen aus Bunsoh, Claus Klehn, Friedrich Sierks sein Sohn aus Immenstädt u. ein Mädchen, Irene Gosch fuhren nach Oesterrade. Dann fuhr ein feiner Wagen nach Oesterrade, Hans Warringholz ging hier nach Jützbüttel, Friedrich Schrum seine Frau ging diesen Weg entlang nach Hans König hin, denn jagte ein Automobil mit zwei Männer nach Oesterrade u. kam bald wieder, Otto Rohwedder u. der Bierfuhrmann Johann Thießen aus Albersdorf, Maria Schrum u. Dora Schrum waren nach Oesterrade, Hans Henschen aus Offenbüttel fuhr hier nach Detlef Henschen. Hans Gosch kam fein gekleidet aus diesem Weg wollte sie bei Hans Gosch nach Osterende, Marg Haarländer u. Wolf aus Lüderhof, Hans Egert, der kl. Hans König, Heinrich Mauß aus Groß-Eversholdt der kl. Antje Thießen Anna Thießen, der kl. Hans König mit dem Leiterwagen Claus Thode aus Albersdorf fuhren nach Osterende Johann Eckhard sein Sohn fuhr hier zurück nach Claus Klahn u. Hermann Klahn fuhr mit ihm nach Osterende dann jagte ein Herr auf ein Motorrad nach Osterende u. der kam bald wieder der Bierfuhrmann Johann Thießen aus Albersdorf Anna Hanssen u. Martha Hanssen, Gertrud Lohe, der kl. Hans König noch wieder Claus Adolf sein Sohn aus Albersdorf Mathilde Klahn u. Emma Klahn Heinrich Flügel u. Gustav Flügel der kl. Hans König noch wieder waren nach Osterende. Hans Franssen Hans König, Johann Eckhard sein Sohn, Theodor Thießen u. der Radmacher Heinrich Franssen ihre Frauen, Claus Eggers von Ostermoor u. zwei Personen mehr, Claus Wilhelm Marx sein Sohn aus Wellerkoog fuhren nach Albersdorf u. Katharina Koog war an dem Tage nach Meldorf u. fuhren hier noch mehr Leute, welche ich nicht kannte. Johann Kuhl seine Kinder Hans Jakob Lütten u. der kl. Johann Thießen wanderten hier auf der Chaussee u. Abends hört u. Nachts jagten mehrere Wagen, ob sie wieder Herren im Dorfe gewesen sind. Donnerstagmorgen gingen Hans Gosch, Marg Haarländer aus Lüderhof der kl. Hans König, der kl. Peter Kuhl u. Anna Kuhl Anna Thießen nach Osterende, Claus Klahn ging diesen Weg entlang nach Hans König hin Wolf aus Lüderhof u. ein Mädchen, Wilhelm Fischer, Frau Gosch, der Lehrer Johannes Wiebk aus Albersdorf fuhren nach Osterende, dann kam ein Herr auf ein Motorrad von Osterende, Hans Hanssen aus Offenbüttel fuhr hier nach Detlef Hanssen, Emma Klahn, Heinrich Voß, Hans Gosch, der kl. Antje Thießen, Franz Kabein fuhren nach Osterende. Johann Schlüter, Ralph Tödter aus Schalkholz ihren Knecht u. ein Knabe, Friedrich Wiebk aus Christianshütte, Johann Thießen aus Lendern, Theodor Thießen sein Sohn Peter Thießen Claus Brandt aus Krohn u. vier Personen mehr, Marg Mittorf, Willy Mittorf, Heinrich Fock, Hans Franssen, Johann Jakob Eckhard, Christian Königsdorf Ernst Lor, Hans Wieringhoh u. Heinrich Wieringhoh u. mehrere Personen, Otto Looft, Heinrich Kobrock fuhren nach Albersdorf, es fuhren hier noch mehr Leute, welche ich nicht kannte. Mittags trat ich mal aus der Tür, dann gingen mein Mann u. Heinrich Voß vorbei u. Nachmittag wanderten die Kinder aus Ritzebüttel vor unserer Hütte in Antje Thießen ihre Mütze, Detlef Hanssen seine Kinder wanderten hier auf der Chaussee Abends fuhr Heinrich Voß hier auf dem Rade hin u. her auf der Chaussee u. Abends jagten mehrere Wagen. Freitagmorgen ging Marg Haarländer aus Lüderhof nach Osterende, dann fuhren zwei Herren nach Osterende Johann Hölk aus Krohn fuhr hier nach Ritzebüttel, Otto Thode, der kl. Hans König, Anna Hanssen u. Else Hanssen, Rudolph Lohse aus Lüderhof Claus Klahn Friedrich Wiebk sein Sohn aus Tinnenstädt u. ein Mädchen, Frau Gosch fuhren nach Osterende, ~~Hans Wieringhoh~~ dann fuhr ein fremder Wagen nach Osterende, Hans Wieringhoh ging hier nach Ritzebüttel, Friedrich Schramm seine Frau ging diesen Weg entlang nach Hans König hin, dann jagte ein Automobil mit zwei Männer nach Osterende u. kam bald wieder Otto Rohwedder u. der Bierfuhrmann Johann Thießen aus Albersdorf, Marie Schramm u. Dora Schramm waren nach Osterende, Hans Hanssen aus Offenbüttel fuhr hier nach Detlef Hanssen, Hans Gosch kam sein gekleidet aus diesem Weg *ob der vielleicht nach Heider gewesen ist. Johann Schlüter, Hans Christians, Kessel aus Thielenhemme, Ernst Böe, Hermann Looft, Marx Wittorf u. zwei Männer mehr, Hans Eggers von Schormoor u. Einer mehr, der Rademacher Hinrich Franßen fuhren nach Albersdorf, es fuhren hier noch mehr Leute, welche ich nicht kannte. Detlef Henschen seine Kinder wanderten hier auf der Chaussee u. so geht es ja immer fort. Ja sagte Er, Sontag haben wir aber was erlebt mit dem Gewitter in Albersdorf u. in Arkebeck ist der Bahndamm ja eine Strecke weg gerissen. Ich sagte ja, das ist ja gut, daß der Chausseewärter Hans Harders es gewahr worden ist, sonst wäre der Zug da ja zu Schaden gekommen. Ja sagte Schrum, das wäre er auch u. Abends spät jagten mehrere Wagen.*

Den 1 August 1908 war ich schwer leidend u. ich mußte ständig das Bett hüten, denn ging die Tochter nach unserm Arzt dem Herrn Dr. Schaumann u. nach der Apotheke u. holte mir Medicin. Denn hatte der Briefträger die Zeitung bei der Thür ein gesteckt. Abends kehrte Hans Lemburg ein u. fragte: Antje, soll es was sein? ich sagte ja, unsern Bedarf müssen wir haben u. indem die Tochter es mit Ihm in Ordnung machte sagte Er, was Antje, Du bist im Bett, bist Du wieder krank? ich sagte ja, ich bin ja immer krank und nun wurde es ja ganz arg wieder, das ich mich wieder an dem Arzt wenden mußte. Ja sagte Er, das ist auch doch zu arg. Dann erzählte er von dem heftigen Gewitter von Sontags vorher, das in Albersdorf alles überschwemmt gewesen war. Ich sagte: das ist auch noch nicht schön für das Korn u. für die Gärten. Nein sagte Er, das ist es auch nicht, wir haben in mehreren Jahren auch nicht solches heftiges Gewitter gehabt. Ich sagte nein, das haben wir auch nicht.

Am 2 August 1908 gab der Briefträger Maltzen die Zeitung draußen an die Tochter ab. Dann besuchte unser Arzt, der Herr Dr. Schaumann mich. Danach brachte Christian König eine Bekanntmachung, daß ein Revisor aus Kiel käme u. würde die Karten u. Quittungen nach sehen. Abends hätte Wilhelmine Thießen unsere Tochter gefragt, was macht Deine Mutter? ach hätte die Tochter gesagt, Mutter ist schwach, Die ist kümmrlich. Ja hätte Wilhelmine Thießen gesagt, es wäre viel besser für Deine Mutter, wenn Sie tod wäre. Ach hätte die Tochter gesagt, das sind nun doch mal Redensarten, laß Mutter man in Ruhe. Mein Mann war Abends so unzufrieden u. mürrisch, das ich wieder krank war. Ich sagte: da kann ich ja nichts bei machen, wenn ich krank bin, ich bin nun ja schon so lange krank u. das weiß ich ja nicht, wie oft ich noch krank werde, denn ich bin ja fortwährend leidend.

Den 3 August 1908 trat Wilhelmine Thießen ein u. sagte zu der Tochter, Sie wolle vielleicht Abends nach Bunsoh, denn wolle Sie Ihr den Schlüssel draußen hin stecken, denn könne Sie doch hinein kommen. Ja sagte die Tochter, denn ist es auch gut. Dann fragte Sie mich, sind Sie wieder krank? Sie sind ja im Bett. Ich sagte ja, ich bin in diesen Jahren noch niemals gesund gewesen u. mitunter wird es ja ganz arg, denn muß ich mich wieder an dem Arzt wenden. Ja sagte Sie, was ist das auch doch eine Arbeit, das ist auch ja keine schöne Witterung. Paul Sönksen war da heute auch bei mir, Der sagte auch, wir hätten keinen schönen Sommer. Ich sagte: denn hat Paul Sönksen Dich vielleicht hier her geschickt. Ach sagte Sie, ich wollte Catharina bescheid sagen von dem Schlüssel. Ich wollte auch noch mal nach Schafstedt, aber es ist ja gar keine schöne Witterung. Ich sagte nein, das ist nicht so schön.

fr. Brotträgerin mit Forts. Frau Antje Cristine Wegner
geb. Höhrmann

ob der vielleicht nach Heide gewesen ist. Johann Schlüter, Hans Christian Kasselau, Peter Hennig, Ernst Bock, Hermann Lorenz, Marx Wittorf u. Hans Meimer nach, Claus Jürgensen, Thomsen u. Heinr. nach, der Rademacher Heinrich Jantzen fuhren nach Albersdorf, es fuhren hier noch mehr Leute, welche ich nicht kannte. Detlef Jürgensen seine Kinder standen hier auf der Chaussee u. sie gafft es ja immer hin. Ja sagte sie, Sonntag haben wir aber was erlebt mit dem Gewitter in Albersdorf u. in Arkebek ist der Schulmeister seine Stalle weg gerissen. Ich sagte ja, das ist ja gut, daß der [illegible] Hans [illegible] es gerettet worden ist, sonst wäre der Zug doch zu Schaden gekommen. Sie sagte schon, das wäre er auch u. Abends spät gingen mehrere Wagen.

Den 1 August 1908 war ich schwer leidend u. ich mußte ständig das Bett hüten, dann ging die Tochter nach unserem Arzt dem Herrn Dr. Thedemann u. nach der Apotheke u. holte mir Medizin, dann hatte der Briefträger die Zeitung bei der Thür hin gestellt. Abends kehrte Hans Lemburg ein u. fragte: Antje, soll es was sein? ich sagte ja, unseren Bedarf müssen wir haben u. indem die Tochter es mit ihm in Ordnung machte sagte er, was Antje, du bist im Bett, bist du wieder krank? ich sagte ja, ich bin ja immer krank u. nun wurde es ja ganz arg wieder, daß ich mich wieder an dem Arzt wenden mußte. Er sagte so, das ist auch doch zu arg. dann erzählte er von dem heftigen Gewitter von Sonntags vorher, daß in Albersdorf alles überschwemmt gewesen war. Ich sagte: das ist auch noch nicht schön für das Korn u. für die Gärten. Nein sagte er das ist es auch nicht wir haben in unseren Jahren auch nicht solch heftiges Gewitter gehabt. Ich sagte nein, das haben wir auch nicht.

Am 2 August 1908 gab der Briefträger Maltzen die Zeitung draußen an die Tochter ab. Dann besuchte unser Arzt, der Herr Dr. Thedemann mich. Danach brachte Christian König eine Bekanntmachung, daß ein Kreuzer nach Kiel kam u. würde die Kartoffelausstellungen noch sehen. Abends hatte Wilhelmine Thießen unsere Tochter gefragt, was macht deine Mutter? da hatte die Tochter gesagt, Mutter ist schwach, sie ist kümmerlich. Ja hatte Wilhelmine Thießen gesagt, es wäre viel besser für deine Mutter, wenn sie tot wäre. Ach hatte die Tochter gesagt, das sind nur dumme Redensarten, laß Mutter man in Ruhe. Mein Mann war Abends schon zu Hause u. merkte, daß ich wieder krank war. Ich sagte: da kann ich ja nichts bei machen, wenn ich krank bin, ich bin nun ja schon so lange krank u. das weiß ich ja nicht, wie oft ich noch krank werde, denn ich bin ja fortwährend leidend.

Den 3 August 1908 kam Wilhelmine Thießen rein u. sagte zu der Tochter, sie wollte vielleicht Abends nach Dwitsch, dann wollte sie ihr den Schlüssel draußen hinstecken, dann könne sie doch hinein kommen. Da sagte die Tochter, dann ist es auch gut. Dann fragte sie mich, sind Sie wieder krank? Sie sind ja im Bett. Ich sagte ja, ich bin in diesen Jahren noch niemals gesund gewesen u. mitunter wird es ja ganz arg, dann muß ich mich wieder an dem Arzt wenden. Da sagte sie, was ist das auch doch eine Arbeit, das ist auch ja keine schöne Witterung. Paul Völkers war die Stunde auch bei mir, der sagte auch, wir hätten keinen schönen Sommer. Ich sagte: dann hat Paul Völkers dich vielleicht hier her geschickt. Ach sagte sie, ich wollte Catharina Bescheid sagen von dem Schlüssel. Ich wollte auch nochmal nach Schafstedt, aber es ist ja gar keine schöne Witterung. Ich sagte nein, das ist nicht so schön.

Frau Antje Christina Wagner
geb. Löhrmann.

Das Leben in Jützbüttel 1907/08

Der Alltag der Verfasserin

Neben den alltäglichen Bemühungen, möglichst sparsam zu wirtschaften, bestimmt die Krankheit der Verfasserin durch das unterschiedlich starke Auftreten der Symptome ihren Alltag in hohem Maße. Bei besonders heftigen Schmerzen in Händen, Beinen oder der Lunge verbringt Antje Wegner die Tage ausschließlich im Bett; geht es ihr besser, kann sie einige Stunden am Tag in der Stube und am Fenster sitzen oder etwas umhergehen, in der Zeitung lesen, Briefe schreiben oder längere Gespräche mit Händlern bzw. Nachbarn führen. Zu Hausarbeit jedlicher Art ist sie nur selten in der Lage. Ist Catharina nicht zu Hause, feuert sie den Herd an und macht sich das Essen warm, das ihre Tochter vorgekocht hat oder Nachbarn vorbeibringen. Für die Wäsche, das Reinigen der Wohnung und die Pflege des Gartens ist ausschließlich Catharina zuständig. Wilhelm Wegner verläßt die Kate früh morgens und kommt meist erst abends von Claus Klehn zurück. Sind Arbeiten für das eigene Korn, den eigenen Roggen, die Kartoffeln oder den Torf zu erledigen, bleibt er zu Hause oder kommt etwas früher von der Arbeit. Der am häufigsten zur Verfügung stehende Gesprächspartner für Antje Wegner ist demnach Catharina. Sie verläßt die Kate nur, wenn ihre Mutter sich selbst versorgen kann; dann ist sie manchmal für einige Tage bei Verwandten oder stundenweise zum Geldverdienen bei anderen Nachbarn bzw. in den Nächten bei der Nachbarin Wilhelmine Thießen. Aus den Briefen ergibt sich, daß Antje Wegner die Tage, an denen es ihr körperlich besser geht – unabhängig von Catharinas An- oder Abwesenheit –, bestmöglichst ausfüllt und strukturiert.

In diesem Zusammenhang stellt sich die Frage, welche Alltagsstrukturen in ihrem Leben zu beobachten sind und auf welchen Tätigkeiten oder Ereignissen diese basieren.

Die Verfasserin wird durch ihre Krankheit gezwungen, einen bestimmten Tages- und Lebensrhythmus einzuhalten, der sich sehr stark von dem der anderen Dorfbewohner Jützbüttels unterscheidet. Nachdem sie ihre Arbeit als Brotträgerin aufgeben mußte und inzwischen nicht einmal mehr im Haushalt oder Garten arbeiten kann, steht ihr ein ungewohntes Maß an freier Zeit zur Verfügung, die es zu füllen gilt. Um die vielen leeren Stunden eines Tages zu bewältigen, müssen zwangsläufig einige alltägliche „Ereignisse“ zu Fixpunkten werden, an denen sie sich orientieren kann[47]. Die kontinuierliche Wiederholung bestimmter Tätigkeiten gibt Antje Wegner zudem die Möglichkeit, ihrem Leben einen festen Rahmen und Sinn zu geben, ohne ununterbrochen über ihre Krankheit und ihre somit eingeschränkten Handlungsmöglichkeiten zu reflektieren[48].

Abgesehen von den Mahlzeiten, die jedoch nie gesondert oder detailliert beschrieben werden, sind drei wesentliche Aspekte ihres standardisierten Tagesablaufs zu beobachten: das Erhalten und Lesen der Zeitung, die Gespräche mit Nachbarn und Händlern sowie das Schreiben der Briefe. Alle drei Komponenten sind in hohem Maße abhängig von der gesundheitlichen Verfassung Antje Wegners und von zahlreichen weiteren Faktoren wie z. B. dem Wochentag, da die Händler nur an bestimmten Tagen einkehren, oder von der Jahreszeit, da die meisten Dorfbewohner in den Erntemonaten auf den Feldern arbeiten. Dennoch strukturieren diese Tätigkeiten den Alltag der Verfasserin und sind ausschlaggebend für das Verhältnis zu ihren Mitmenschen[49].

Der erste Fixpunkt eines Tages ist das Erhalten der Zeitung; die Briefe beginnen überwiegend – nach der Nennung des Datums – mit dem stereotypen Satz: „... hatte der Briefträger ... die Zeitung neben der Thür in die Oeffnung gesteckt". Die sich fast täglich wiederholende Handlung[50] ist von großer Bedeutung für Antje Wegner, da ihr das Lesen des „Heider Anzeigers"[51] zahlreiche Informationen über Marktpreise, Ereignisse in ihrer Umgebung, Hausverkäufe oder Beerdigungen gibt. Diese kann sie in Gesprächen mit ihrem Mann, mit Nachbarn oder Händlern einbringen und vertiefen. Darüber hinaus kann sie Unterhaltungen beginnen und weiß oft Neuigkeiten zu berichten, die selbst von Ort zu Ort ziehende Händler noch nicht gehört haben. Zudem gibt ihr die tägliche Zeitungslektüre die Möglichkeit, zumindest passiv am Leben außerhalb ihrer Kate teilnehmen zu können, Veränderungen besser wahrzunehmen und ihre eigene Situation mit der anderer zu vergleichen. Dies alles sind ihr die Zeitungskosten wert; der Monatspreis beträgt 60 Pfennig. Einmal im Quartal wird von dem Briefträger das Zeitungsgeld eingesammelt.

Der zweite regelmäßige und meist tägliche Aspekt ihres Alltags ist das Einkehren von verschiedenen Händlern oder Nachbarn und das Gespräch bzw. der Informationsaustausch mit diesen. Die wichtigsten Händler in den Jahren 1907/08 sind der Bäcker Hans Lemburg, die „Waarenhändler" Otto Looft und (Friedrich) Schrum sowie der Müller Hinrich Warringholz, die alle ungefähr einmal in der Woche kommen; immer jedoch an unterschiedlichen Tagen und zu unterschiedlichen Zeiten. Antje Wegner beobachtet genau, wann ein Händler nach Jützbüttel kommt, wie lange er sich bei den einzelnen Dorfbewohnern aufhält und ob er seinen jeweiligen Zeitrhythmus einhält. Alle Bestellungen handelt sie in den Briefen mit den gleichen Stereotypen ab, auf die eine Wiedergabe der Unterhaltung folgt, wie z. B.: „... dann bestellen wir die Waaren u. indem wir es in Ordnung machten ..." Die Grundstimmung im Gespräch mit Hans Lemburg oder Schrum ist entspannt und freundlich, während Antje Wegner Otto Looft häufig kritisiert. Zu Hans Lemburg hat die Verfasserin über Jahre hinweg ein gutes Verhältnis. Der Bäcker lebt in Albersdorf, wo er sowohl ein großes Anwesen als auch ein Geschäft hat. Meist sind ein Bäckergeselle, ein Knecht und eine Magd bei ihm beschäftigt.

Der Stellmacher und Höker Friedrich Schrum stammt aus Osterrade. Er transportiert seine Waren zunächst auf einem Handwagen, den er an einem Fahrrad befestigt hat, später fährt er mit einem Fuhrwerk von Dorf zu Dorf. Otto Looft, geboren 1882, ist nur wenig älter als Catharina; die Verfasserin hat zu ihm ein gespanntes Verhältnis, da sie seine Neugierde in bezug auf ihre Tochter und seine „Lügen“ über andere Ortsbewohner ablehnt. Der Händler ist meist mit einem Fahrrad und einem Wagen unterwegs; wegen der klappernden Töpfe und Flaschen ist er weit zu hören. Otto Looft hält sich meist 4 bis 6 Stunden in Jützbüttel auf und kommt gegen fünf Uhr zu den Wegners.

Die Themen in den Unterhaltungen sind die gleichen wie in den Gesprächen mit den Nachbarn: Überwiegend werden neueste Ereignisse, bevorstehende Veranstaltungen oder Familienfeste in Jützbüttel und den umliegenden Orten diskutiert; daneben fallen aber auch die negativen Kommentare zu einer Aussage oder Handlung des einen oder anderen Dorfbewohners auf. Durch die meisten Unterhaltungen erfährt Antje Wegner Neues über konkrete Personen oder Ereignisse, kann aber auch ihre früheren, persönlichen Erlebnisse einbringen, wenn sich ein geeigneter Ansatzpunkt ergibt.

Ein wichtiger Aspekt vieler dieser Gespräche ist die Krankheit der Verfasserin. Dorfbewohner erkundigen sich nach ihrem aktuellen Befinden; Besucher, die Antje Wegner lange nicht gesehen haben, betonen, wie sie sich verändert hat bzw. wie „dick“ sie geworden ist. In jedem Fall wird der Verfasserin hierdurch eine Möglichkeit gegeben, immer wieder ihre Krankheit und die daraus resultierende Arbeitsunfähigkeit zu betonen. Die meisten Besucher antworten auf Antje Wegners Schilderungen ihres Gesundheitszustands sofort mit der Beteuerung, wie offensichtlich es sei, daß sie nicht arbeiten könne: „... lasse doch alles liegen, das kann ich auch einsehen, daß Du nichts kannst ... Du kannst gar nichts mehr ...“ Einige betonen zudem, daß ihr Gesundheitszustand allgemein bekannt ist, und weisen darauf hin, wie tüchtig sie früher war. Damit bestätigen sie der Verfasserin regelmäßig, daß diese weder Schuld an ihrer Krankheit und den daraus resultierenden Problemen hat noch zu Unrecht so häufig den Arzt ruft. Zeigen die Gesprächspartner weniger Verständnis oder vermuten trotz gegenteiliger Beteuerungen, daß es Antje Wegner langsam besser geht, reagiert sie zunehmend gereizt und ablehnend. Jede „höhnische“ Reaktion auf ihr Aussehen oder ihre Krankheit verletzt sie tief. Als einige Schneiderinnen ihre Kleidungsstücke ausbessern, vermerkt sie über die Unterhaltung: „Denn lachten Sie doch so höhnisch über meinen unbeholfenen Körper, daß ich so viel Zeug zu meinen Kleidungsstücken haben müsse u. das ich so furchbar dick wäre ...“ Schafft sie es trotz mehrerer Versuche nicht, jemanden von dem Ausmaß ihrer Krankheit zu überzeugen, wechselt sie sofort das Thema oder bricht das Gespräch ab, berichtet aber dem nächsten Besucher von diesem mangelnden Mitleid: „Der quälte mich hier furchbar.“

Eine nähere Betrachtung der Gespräche macht deutlich, warum diese für Antje Wegner so wichtig sind. Die Unterhaltungen liefern ihr überwiegend Informationen über ihre unmittelbare Umgebung, die sie selbst nicht bekommen kann. Zudem wird ihr die Möglichkeit gegeben, ihre Krankheit und Arbeitslosigkeit vor sich und anderen zu rechtfertigen. Damit sind die Unterhaltungen bzw. die Gesprächspartner für die Verfasserin ein Mittel zum Zweck, um am Leben außerhalb ihrer Kate teilnehmen zu können und ihre Krankheit zu akzeptie-

Bäcker Hans Lemburg mit seiner Familie, um 1900

ren[52]. Gerade ihr persönlicher Nutzen aus den Wortwechseln erklärt auch ihren Willen, selbst mit ihr unsympathischen Personen oft längere Gespräche zu führen.

Der dritte Fixpunkt ihres Alltags ist das Verfassen der Briefe. Sowohl von dem Stubenfenster als auch von ihrem Bett aus kann Antje Wegner die Leute auf der Straße beobachten, sie führt separate Listen über alle „Reisen" der Leute. Diese fügt sie an festen Wochentagen in den Text ein; sie geht also auch hierbei sehr strukturiert und regelmäßig vor. Da sie wahrscheinlich täglich die Ereignisse notiert und erst später in zweifacher Ausfertigung säuberlich niederschreibt, verbringt sie an Tagen, an denen es ihr körperlich besser geht, sehr viel Zeit mit der sorgfältigen Abschrift der Tagesberichte. Dennoch sind ihre Briefe nie Gesprächsthema; weder wird Antje Wegner von den Dorfbewohnern oder Händlern auf diese angesprochen, noch erwähnt sie sie selbst. Wie viele Stunden sie für die Aufzeichnungen oder Abschriften benötigt und ob sie auch hierbei strukturiert vorgeht, kann nicht ermittelt werden.

In bezug auf diese drei sich regelmäßig wiederholenden Komponenten im Alltag Antje Wegners fallen deren unterschiedliche Ursachen und Funktionen auf[53].

Durch die Zeitungslektüre und die Unterhaltungen mit den Händlern, Dorfbewohnern oder Familienmitgliedern nimmt die Verfasserin die gesellschaftlichen Normen ihrer Umgebung auf und beeinflußt sie gleichzeitig durch ihr eigenes Verhalten. Sie nimmt bewußt an ihrer Umgebung und den herrschenden Sitten und Bräuchen teil. Gerade durch die Gespräche wird Antje Wegner die Möglichkeit gegeben, andere Sichtweisen der für sie wichtigen Themen kennenzulernen und diese mit ihren eigenen zu vergleichen. Die Bestätigung ihrer Krankheit und somit ihrer Hilflosigkeit, aktiv ihre Lebenssituation zu ändern, unterstützt sie in ihrem Bemühen, eine Selbstachtung und Identität zu entwickeln, die unabhängig von einer „Leistung" im üblichen Sinne der sie umgebenden Gesellschaft ist[54]. Aus der detaillierten Wiedergabe der meisten Unterhaltungen läßt sich schließen, daß all diese Aspekte für sie extrem wichtig sind.

Im Gegensatz dazu grenzt sie sich jedoch durch das Verfassen der Briefe nicht nur deutlich von ihrer Umgebung ab, sondern verstößt zudem gegen allgemeingültige Verhaltensweisen. Durch das tägliche Aufzeichnen der vorbeifahrenden Personen und Berichte über die geführten Gespräche macht sie – bewußt oder unbewußt – deutlich, daß sie sich über die in ihrer Umgebung herrschenden gesellschaftlichen und sozialen Rahmenbedingungen hinwegsetzt[55]. Zudem geben ihr die Briefe eine Möglichkeit, sich gegen Mitmenschen zu wehren, gegenüber denen sie sich im Alltag ruhig verhalten will bzw. muß. Gleichzeitig kann sie das Verfassen der Schriften als ihre persönliche „Arbeit" ansehen, durch die sie etwas Sinnvolles „produziert" – schließlich ist sie davon überzeugt, daß sich der Kaiser für ihre Berichte interessiert.

Für Antje Wegner gibt es kaum einen Unterschied zwischen den Wochentagen und Sonn- oder Festtagen. Ihr Mann muß normalerweise an den Feiertagen nicht arbeiten und erledigt daher mit Catharina die Arbeiten im Garten oder Moor. Festtage wie Ostern und Weihnachten werden nicht besonders hervorgehoben; ein Weihnachtsbaum wird nicht aufgestellt, allerdings kommen an den Feiertagen häufig Familienmitglieder zu Besuch. Die Kirche scheint keine große Rolle im Leben der Wegners zu spielen; Wilhelm Wegner besucht ausschließlich Weihnachten den Gottesdienst. Kein einziger Geburtstag wird erwähnt, obwohl dies in anderen Familien langsam üblich wird, wie die Verfasserin bemerkt: „.... die Geburtstage werden jetzt wohl alle gefeiert ..." Da Antje Wegner das Grundstück nicht verlassen kann, besucht sie keine Hochzeit, Beerdigung oder Taufe, obwohl die Wegners besonders von Verwandten häufig dazu eingeladen werden. Auf Drängen reagiert sie gereizt: „... laßt mich doch bloß in Ruhe, denn hin gehen kann ich nicht u. wenn ihr mich auf auf einen Wagen hin fahren wollt, so kann ich es doch nicht." Manchmal gehen Wilhelm Wegner oder Catharina Alleine hin; doch auch sie besuchen selten andere Veranstaltungen, wie z. B. einen Ball, Vogelschießen oder Ringreiten. Vor allem die hohen Kosten machen es nicht möglich, solche Feste zu besuchen.

Das Verhältnis zu Ehemann und Töchtern

Das Verhältnis der Verfasserin zu ihrem Mann ist sehr schwankend. Überwiegend wird es dominiert von der Krankheit Antje Wegners, die Wilhelm Wegner zwingt – trotz seines eigenen schlechten körperlichen Zustandes –, täglich hart zu arbeiten. An einigen Tagen unterstützt er seine Frau, soweit es ihm möglich ist. Wenn Catharina an einem Feiertag weg ist, pflegt er seine Frau; wenn Besucher ihn in der Kate auf ihren Zustand ansprechen, verteidigt er sie und betont ihre Hilflosigkeit. Überwiegend wirft er ihr jedoch vor, faul und zu nichts nütze zu sein. Er selbst sei auch krank und müsse trotzdem arbeiten. Antje Wegner weist selbst oft auf diese Tatsache hin, besteht aber darauf, daß er die Familie ernähren muß: „... von (seinem) Verdienst muß es ja her, sonst giebt es ja nichts ..." Wilhelm Wegner fällt es sehr schwer zu akzeptieren, daß seine Frau von dem ihm bekannten Frauenbild abweicht: „... Er sagte: wir rechneten ihm nicht, Er kriege nichts ordentliches zu Essen und Er müsse immer in schmutzige Kleidungsstücke gehen ..." Durch ihre Krankheit ist sie nicht in der Lage, den Haushalt zu führen; die ständigen Arztbesuche irritieren ihn zusätzlich.

Der Verlauf der Auseinandersetzungen zwischen ihm und seiner Frau ist meistens der gleiche. Wilhelm Wegner wird ärgerlich und beginnt, seiner Frau Vorwürfe zu machen. Sie verteidigt sich damit, daß sie an der Situation schuldlos sei und sie nicht ändern könne und beginnt ihrerseits offensiv, ihm sein eigenes Fehlverhalten vorzuwerfen. Hierbei scheinen ihre Vorwürfe willkürlich zu sein, und sie beziehen sich oft auf Ereignisse, die nichts mit dem Streit zu tun haben und Jahre zurückliegen. Schließlich wirft sie ihm vor, die anderen Dorfbewohner in ihren Aktivitäten gegen sie zu unterstützen, zudem ließe er sich zu sehr von den Jützbüttelern beeinflussen: „... die Leute treiben uns Beiden auf diese Weise ja auseinander ..." In vielen Fällen verläßt ihr Mann daraufhin irritiert die Kate; manchmal wird er aggressiv und beschimpft seine Frau.

Obwohl Antje Wegner sich meist zu wehren weiß und ihren Mann mit ihren Reaktionen vermutlich zunehmend überfordert, wird dennoch deutlich, daß sie ihn in vielen Bereichen als Familienoberhaupt akzeptiert. Wenn er sehr wütend ist und sie beschimpft, verhält sie sich ruhig und reagiert nicht. In bezug auf die Briefe betont sie, daß sie ihm anfangs den Inhalt aller Briefe erzählt und ihm ihre Gründe für das Verfassen der Schriften erklärt hat; erst als er sich bereit erklärt, die Portogebühren zu bezahlen, schickt sie die ersten Briefe los. Abends berichtet sie ihm oft detailliert über Streitgespräche mit Nachbarn sowie über ihre eigene Reaktion darauf und wartet seinen Kommentar dazu ab. Etliche Unterhaltungen der Eheleute verlaufen ruhig und sachlich; sie scheinen sich – wenn es nicht um Antje Wegners Krankheit geht – gut zu verstehen. Häufig wird deutlich, daß die Verfasserin in Ausnahmesituationen diejenige ist, die ihrem Mann sagt, was zu tun ist. Als z. B. der Stiefvater von Wilhelm Wegner stirbt, reagiert sie sofort, schickt ihren Mann mit mehreren Briefbögen und Umschlägen in den entsprechenden Ort und sagt ihm genau, wen er schriftlich benachrichtigen muß und was er für die Beerdigung zu erledigen hat.

Das Verhältnis der Verfasserin zu ihrer jüngsten Tochter Catharina ist ebenfalls zwiespältig. Auf der einen Seite ist sie aufgrund ihrer Krankheit elementar auf Catharina angewiesen, auf der anderen Seite dominiert und beeinflußt sie ihre Tochter in fast allen Lebensbereichen. Sie möchte Catharina als Pflegerin immer um sich haben, stellt diese Tatsache aber gleichzeitig als für Catharina wichtig dar, indem sie betont, daß die Arbeit auf größeren Höfen ihre Tochter überfordern würde. Catharina selbst berichtet ihrer Mutter von nahezu jedem Gespräch, das sie mit den Dorfbewohnern führt und fragt sie häufig nach ihrer Meinung. Erst wenn ihre Mutter zustimmt, sagt sie Nachbarn die erbetene Hilfe bei Haus- oder Erntearbeiten zu, wenn ihre Mutter früher mit der entsprechenden Person Probleme hatte, lehnt sie trotz großzügiger Entgelte ab. Obwohl sie dringend auf verdientes Geld angewiesen ist, hat die Pflege ihrer Mutter und des Haushaltes Vorrang – und deren Wünsche, bei wem sie arbeiten soll und bei wem nicht. In bezug auf die Briefe hilft Catharina ihrer Mutter, soweit sie kann. In den meisten Fällen bringt sie die Schreiben zur Post, bittet den Briefträger um Briefmarken, fragt im Dorf nach unbekannten Personen, die vorbeigefahren sind, oder berichtet ihrer Mutter von neuen Gerüchten.

Im Gegenzug unterstützt Antje Wegner ihr Tochter bei Streitereien mit Nachbarn; manchmal, indem sie Catharina beruhigt und ihr rät, einfach nicht auf ungerechtfertigte Vorwürfe zu reagieren, manchmal, indem sie den entsprechenden Personen bei einem Besuch persönlich ihre Meinung über deren Verhalten sagt. Vor allem stellt sie sich zwischen ihre Tochter und ihren Mann, der Catharina regelmäßig vorwirft, nicht genug zu leisten. Nachdem Wilhelm Wegner gegen seine Frau kaum ankommt und ihre Krankheit notgedrungen akzeptieren muß, ist überwiegend Catharina – die er für zu faul hält – das Ziel seiner Wut. Seine Frau und seine Tochter unterstützen sich gegenseitig und kritisieren sein Verhalten, sobald er wütend wird. Die Folgen sind zunehmend angespannte Situationen zwischen den Familienmitgliedern, in denen sich Wilhelm Wegner nur noch mit Gewalt durchsetzen kann: „... Er wollte die Tochter schlagen und sagte: Sie solle machen, das Sie aus dem Hause käme ...“

Über das Verhältnis der Verfasserin zu ihrer ältesten Tochter Christine werden keine weiteren Angaben gemacht. Antje Wegner schreibt nichts über die alle drei Monate erfolgenden Besuche ihrer Tochter. Auffällig ist jedoch, daß sie immer wieder betont, wie krank und schwach Christine ist – genau wie sie selbst, Catharina, ihr Mann und ihre Schwestern.

Das Verhältnis zu und unter den einzelnen Dorfbewohnern

Die Bauerschaft Jützbüttel liegt 6 km nordöstlich der Kirchspielslandgemeinde Albersdorf und 20 km nordöstlich von Meldorf. Im Jahr 1908 werden dort 102 Einwohner und 16 Wohnungen gezählt; die Schule für die Kinder befindet sich in Osterrade, alle Einwohner beziehen ihren Torf aus der Gemarkung in Offenbüttel. An Besitzstellen werden folgende aufgeführt: Die Witwe Antje Thießen be-

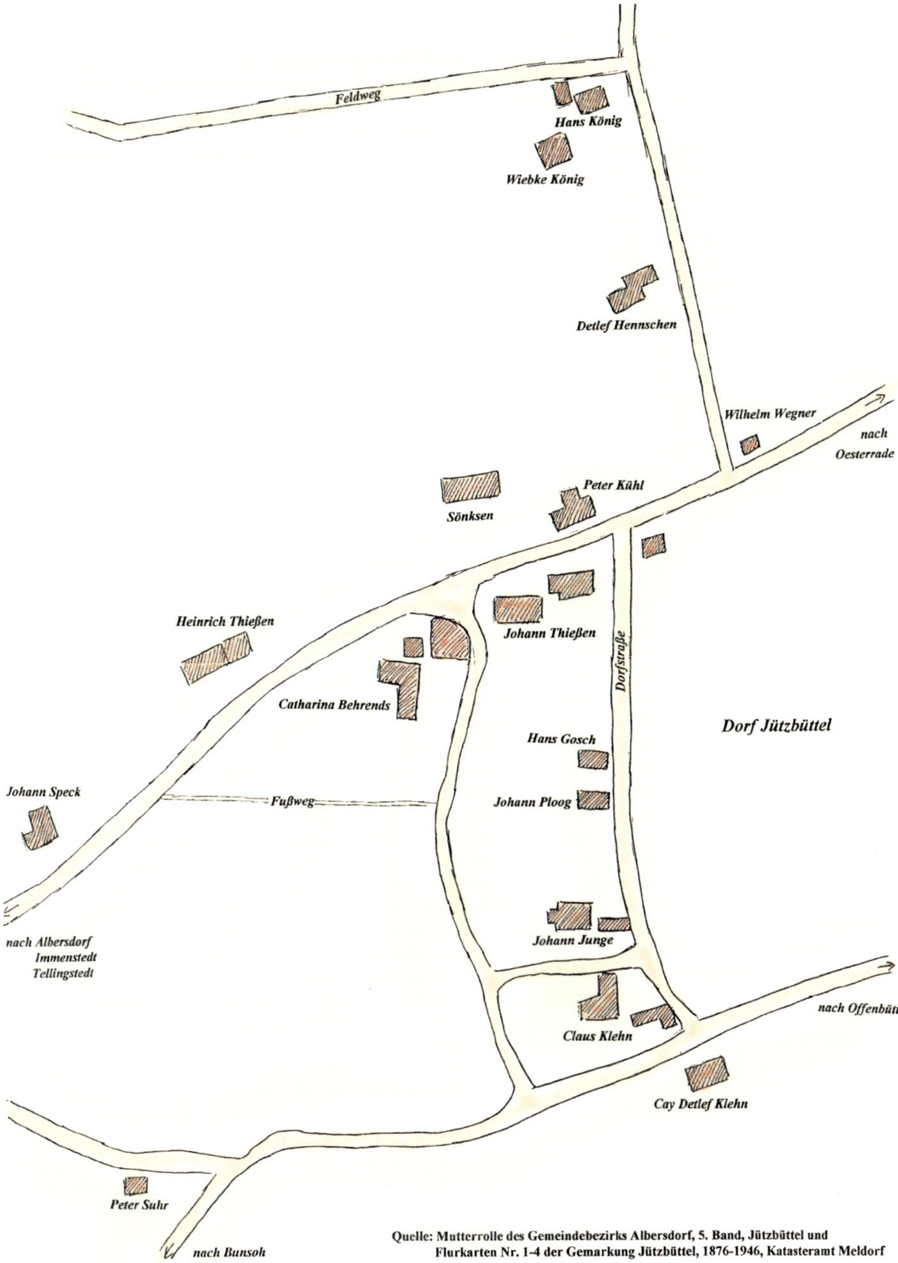

Zeichnung der Dorfschaft Jützbüttel im Jahr 1907/08

sitzt 71 ha, Klaus Klehn 70 ha, Johann Junge 57 ha und Heinrich Thießen $55^1/_2$ ha; hinzu kommen die Besitzstelle von Paul Sönksen, zu der über 25 ha gehören, und neun Stellen, die über einen Landbesitz von bis zu 25 ha verfügen; zwei Häusern ist kein Land zugehörig[56]. Die Besitzer der neun Stellen sind 1907 Johann Speck, Hans Gosch, Peter Suhr, Detlef Henschen, Peter Kühl, Hans König, Wilhelm

Front- und Seitenansicht des Klehn-Hofs in Jützbüttel, um 1916

Ploog, Cai Klehn und Wilhelm Wegner, wobei die Wegners mit unter einem Hektar Land mit Abstand den kleinsten Besitz haben. Die Häuser ohne Landbesitz, vermutlich die von Wiebke König und Wilhelmine Thießen, gehören zu größeren Höfen.

Die Verfasserin schreibt über jede dieser Familien; meist zu aktuellen Ereignissen, oft aber auch über vergangene Erlebnisse mit ihnen oder Berichte über sie. Da es im Rahmen dieser Arbeit nicht möglich ist, das gesamte Dorfleben zu rekonstruieren, werden drei der Familien, die besonders häufig erwähnt werden, exemplarisch vorgestellt.

Claus Klehn, um 1928

Die Klehn-Familie gehört zu den größten Bauernfamilien im Dorf; sie besitzt zahlreiche Koppeln, Äcker und Felder in Jützbüttel. Wilhelm Wegner ist seit 1890/91 Arbeiter bei Claus Klehn, der auch zu den reichsten Bauern im Dorf zählt, als er im Januar 1908 große Teile seiner Hofstelle an Hans Jacob Thießen verkauft.

Seinem Vater, Kai Klehn, der die Hofstelle vor ihm bewirtschaftet hat, wird noch immer nachgesagt, die Dienstleute schlecht behandelt zu haben und sehr geizig gewesen zu sein. Als er sich in das Altenteil zurückzieht, bekommen seine drei Kinder große Summen Geld, deren Höhe lange das Dorfgespräch bestimmt. Die Verfasserin erwähnt Claus Klehn entweder im Zusammenhang mit der Arbeit ihres Mannes – die ihrer Meinung nach nicht hoch genug vergütet wird – oder in Verbindung mit konkreten Vorwürfen gegen sein Verhalten ihr gegenüber. Claus Klehn war 1901 Ortsvorsteher, als Antje Wegner erfolglos versucht hat, Invalidenrente zu beantragen. Ihrer Meinung nach ist daher „... Der (...)

wohl in allem der Schuldige …", was ihre aktuellen Probleme angeht. Zudem unterstellt sie ihm mehrmals, dafür verantwortlich zu sein, daß ihr Mann trotz jahrzehntelanger Arbeit auf seinem Hof keine vom Kreisausschuß ausgeschriebene Prämie für „langjährige, treue Dienstboten und Arbeiter" bekommt. Während Antje Wegner jedoch mit Claus Klehn keinen direkten Kontakt hat, führt sie oft lange Unterhaltungen mit seinem jüngeren Bruder Johann, der aufgrund einer Verletzung als „Krüppel" bezeichnet wird. Johann Klehn bringt den Wegners regelmäßig Heu, bevor er 1908 seine Hofstelle an seinen Bruder Claus verkauft und mit seiner Haushälterin und seinem Vater in eine „Villa" nach Albersdorf zieht. Der Verkauf und Tausch der Hofstellen der Brüder Klehn bestimmt im Januar 1908 die Gespräche der Dorfbewohner und Händler. Vor allem der Verkaufspreis, der keinem mitgeteilt werden darf, interessiert die Jützbüttler: Antje Wegner versucht erfolglos, diese Summe von Johann Klehn zu erfahren[57].

Der Landmann Detlef Henschen ist ein direkter Nachbar der Wegners, der 1907/08 eine mittelgroße Landstelle bewirtschaftet[58]. Er zieht erst im Jahr 1901 nach Jützbüttel, so daß Antje Wegner keine eigenen Erfahrungen über sein Verhalten gegenüber Dienstboten einbringen kann. Detlef Henschen wird von den meisten Dorfbewohnern als unsympathisch wahrgenommen, da er für seine „groben Redensarten" bekannt und häufig betrunken sowie in Schlägereien verwickelt ist. Ihm wird darüber hinaus nachgesagt, mindestens ein uneheliches Kind zu haben; gleichzeitig lacht das ganze Dorf über die Geburt seiner sechsten Tochter, da er jedesmal hofft, einen Jungen zu bekommen. Durch den engen Kontakt zu seinem Dienstmädchen, Antje Hinrichs, erfährt die Verfasserin, daß die Henschens alle Arbeiter in Jützbüttel „schildern", d. h. negativ darstellen. Antje Wegner werde in diesem Zusammenhang nachgesagt, einen schmutzigen Haushalt zu haben, in dem alles „so zerrissen" ist. Zudem berichtet Antje Hinrichs detailliert über die Faulheit Detlef Henschens, die Arroganz und das ungerechte Verhalten seiner Frau, die Unordnung und das schlechte Essen im Haus sowie die überhöhten Leistungsanforderungen an die Knechte und Mägde bei der Feldarbeit.

Wilhelmine Thießen wohnt den Wegners gegenüber; sie ist eine unverheiratete Schwester des Landmannes Johann Thießen, dessen Besitz nach seinem Tod im Jahr 1899 von seiner Frau Antje geleitet wird. Wilhelmine Thießen bewirtschaftet als Rentnerin[59] nur eine kleine Hofstelle, die eigentlich als Altenteil für ihre Schwägerin Antje gedacht ist. 1907 besitzt sie nur eine Ziege und neun Hühner; dennoch beschäftigt sie eine fest angestellte Dienstmagd und Catharina Wegner, die zeitweise bei Wilhelmine Thießen schläft, ihren Kleiderschrank sowie ihre Kommode dort stehen hat und verschiedene Hausarbeiten für sie erledigt. Das Verhältnis zwischen der Verfasserin und Wilhelmine Thießen ist ambivalent: Auf der einen Seite bringt Wilhelmine Thießen Antje Wegner regelmäßig Essen, einen Blumentopf oder Obst und Gemüse, holt sich Ratschläge für Rezepte oder die Ziegenhaltung und führt lange Gespräche mit ihr; auf der anderen Seite behandelt sie Catharina oft ungerecht und redet mit anderen über

Der Ehlers-Hof in Jützbüttel um 1895, der 1901 von Detlef Henschen übernommen wird

die Faulheit Catharinas, über den schmutzigen Haushalt der Wegners und Antje Wegners zunehmende Verwirrtheit.

Die Verfasserin erwähnt oft die sozialen Unterschiede, die im Umgang der Dorfbewohner untereinander und in bezug auf Vorurteile anderen gegenüber zu beobachten sind. Diese nehmen auch andere Arbeiter, Dienstleute oder Händler wahr, die untereinander ihre Erfahrungen austauschen. Detlef Henschen z. B. redet nur über die Arbeiter schlecht, nie jedoch über die Bauern, in der Schule werden die Bauernkinder bevorzugt, und die „Monarchen" (nichtseßhafte Landarbeiter) werden meist von den Besitzern der großen Hofstellen vertrieben, statt mit etwas Essen versorgt zu werden. Generell wird den Arbeitern nachgesagt, nur deshalb finanziell so schlecht gestellt zu sein, weil sie zuviel essen würden.

Dennoch herrscht in Jützbüttel das ungeschriebene Gesetz, bedürftige Dorfbewohner zu unterstützen. Bei Krankheit werden die Nachbarn mit Essen versorgt; ein Obst- oder Gemüseüberschuß wird ebenso weitergegeben wie die Reste von Kaffeetafeln oder Festlichkeiten. Zu der Beerdigung des Landmannes Thies Gosch werden alle Jützbüttler eingeladen und mit Kaffee, Kuchen und Essen bewirtet.

Zu den immer häufiger stattfindenden Kaffeegesellschaften werden jeweils nur bestimmte Dorfbewohner gebeten. Bei einer näheren Betrachtung fällt auf, daß hierbei zwar die soziale Stellung der Gäste eine nicht unerhebliche Rolle spielt, daneben aber vor allem aktuelle Sympathien oder Antipathien in bezug auf die potentiellen Gäste für eine Einladung ausschlaggebend sind. 1907/08 streiten sich die Familien Sönksen und König, Sönksen und Kühl sowie Junge und Klehn; später kommen Differenzen zwischen den Familien Henschen und König sowie Sönksen und A. Thießen hinzu. Die Gründe sind meist Streitigkeiten über die Kinder oder nicht akzeptierte Verhaltensweisen der einen oder anderen Person. Dementsprechend wird über diese Personen geredet oder ihnen anderweitig geschadet: Auguste Kühl z. B. erzählt im Dorf, daß Emma Sönksen früher regelmäßig von ihrem Dienstherrn schwanger geworden ist, die Kinder jedoch immer hat abtreiben lassen; der Bauer Johann Junge prozessiert vor dem Gericht in Meldorf gegen seinen Nachbarn Claus Klehn, da dieser kleine Sandhaufen auf seinem Besitz liegen hat und sie nicht schnell genug entfernt. Dazu kommen die alltäglichen Streitigkeit unter Nachbarn, deren Hühner auf einer fremden Koppel laufen oder deren Vieh auf Koppeln grast, die einem anderen Landmann gehören.

Die Differenzen in Jützbüttel werden auch von Außenstehenden bemerkt: „... in Jützbüttel schelten sich die Weiber ja großartig ...“ Dabei wird eine direkte Konfrontation immer umgangen: „... was ist das hier in Jützbüttel ein Skandal mit den Frauen, Die machen ja so viele Redensarten, Die reden sich wirklich fest u. nachher sagen Sie bloß, sie haben nichts gesagt ...“ Nach Meinung der Verfasserin haben die Streitigkeiten im Jahr 1899 begonnen, als der damalige Bauernschaftsvorsteher Johann Thießen, der die größte Besitzstelle in Jützbüttel bewirtschaftete, starb.

Die Ursache für die Differenzen sieht Antje Wegner in dem Verhalten der Dorfbewohner, die ihrer Meinung nach Gerüchte verbreiten und ungeprüft übernehmen. Besonders die Bauern nutzen ihre soziale Stellung aus und stellen bei allen Streitigkeiten ihre Dienstleute als diejenigen dar, die sich falsch verhalten. Die Verfasserin wird dementsprechend wütend, wenn sie von den Mägden oder Knechten die Schilderung bestimmter Vorkommnisse „aus erster Hand“ kennt, aber selbst ihr Mann gegenteilige Behauptungen der Bauern verbreitet: „... die Bauern, die lügen sich das beste da heraus u. Du lügst denn auch noch mit, schäme dich doch.“ Grundsätzlich ist Antje Wegner der Meinung, daß die Jützbüttler oft negativ über Dinge sprechen, die sie nicht beurteilen können, und durch ihre Neugierde in bezug auf alles und jeden ein allgemeines Mißtrauen im Dorf verbreiten. Um diese Neugierde zu befriedigen, müssen z. B. einige Mägde ihren Arbeitgebern regelmäßig über alle Vorkommnisse in Jützbüttel Bericht erstatten. Insbesondere Catharina Thießen und Antje Thießen „... halten Ihre Dienstmädchen so, daß Sie Ihnen von Ihren anderen Leuten u. aus dem Dorfe alles erzählen müssen, was Sie thun u. was Sie sprechen u. was da passiert u. denn ist da immer Unfrieden ...“ Mit diesem Verhalten kann schon eine einzige Person in ganz Jützbüttel Unruhe verbreiten, ohne sich darüber bewußt zu sein, wie sehr sie auch einzelnen Dorfbewohnern damit schadet. Antje Wegner weist mehrmals darauf hin, daß sie selbst nichts über die Aktivitäten der Dorfbewohner wissen möchte: „... denn ich mache keine Redensarten im Dorfe, da bin ich nicht zu erzogen.“ Sie interessiere sich nur für die Wahrheit und könne daher manchmal nichts zu einem Thema beitragen.

Diese Aussagen stehen jedoch in einem krassen Widerspruch zu ihrem tatsächlichen Verhalten. Die Verfasserin ist extrem neugierig und beobachtet bzw. kontrolliert die Händler und Dorfbewohner, wann immer es ihr möglich ist. Antje Wegner nutzt jede Möglichkeit, um von ihren Gesprächspartnern z. B. zu erfragen, welcher Knecht auf welchem Hof anfangen wird zu arbeiten, woher der neue Briefträger kommt oder welchen Besuch Claus Klehn hatte. Obwohl sie manchmal zugibt, nicht mitreden zu können, interessiert sie sich für jegliche Geschichte, die aus Jützbüttel oder den umliegenden Dörfern berichtet wird. Sie selbst erzählt häufig über frühere Erlebnisse und betont oft, wie schlecht u. a. die Dienstleute bei einigen Bauern behandelt werden. Regelmäßig kritisiert sie etliche Dorfbewohner vor anderen Nachbarn oder Händlern. Obwohl sie in ihren Unterhaltungen häufig erwähnt, daß man nicht über andere Menschen urteilen kann und soll, geht sie anschließend oft nahtlos dazu über, ihre negativen Erfahrungen mit den entsprechenden Personen darzustellen.

Neben den permanenten Nachfragen, Beobachtungen und Erkundigungen sind die Briefe von Antje Wegner von einem tiefen Mißtrauen, insbesondere in bezug auf die Dorfbewohner, durchzogen. Sie verdächtigt nahezu jeden ihrer Nachbarn, sie ununterbrochen zu beobachten oder sich nur deshalb mit ihr zu unterhalten, um anschließend nach Osterrade zu „rennen" und dort einen „Bericht" über sie zu verfassen. Aus keiner dieser stereotypen Bemerkungen, bei denen nur die Akteure variieren, ist zu ermitteln, welche Berichte gemeint sind und für welchen Zweck diese verfaßt werden könnten. Antje Wegner scheint jedoch zu vermuten, daß die Dorfbewohner sie beobachten und befragen, um bei Lehrer Thiedemann in Osterrade über sie zu berichten. Dieser würde dann Schriften über sie anfertigen, die an den Amtsvorsteher weitergeleitet werden, der wiederum verhindert, daß sie Rente oder ihr Mann eine Prämie des Kreisausschusses bekommen könnte.

Ihre Vermutungen teilt sie regelmäßig den Händlern und anderen Nachbarn mit. Hierbei richtet sich ihr Mißtrauen manchmal auch gegen diejenigen ihrer Besucher, mit denen sie sich gut versteht. Dem Bäcker Hans Lemburg unterstellt sie z. B., zwei Kartoffeln aus der Diele mitgenommen zu haben; die Dienstmagd Antje Hinrichs – eine der wenigen, zu der sie ein gleichbleibend gutes Verhältnis zu haben scheint – verdächtigt sie, im Auftrag von anderen Informationen über ihren Gesundheitszustand zu erfragen. Als der Händler Otto Looft statt „Salz" „Soda" auf seiner Liste notiert und dementsprechend falsche Waren liefert, vermutet sie, daß er dies absichtlich getan hat, um sie „bummlich" zu machen. Sie vertraut ausschließlich Catharina und wirft auch ihrem Mann zunehmend vor, gegen sie zu intrigieren: „... Du suchst bloß Punkte, daß Du Streitigkeiten mit uns kriegst, ... mir scheint es doch wirklich, als wenn Du den Leuten immer behülflich bist, daß Sie Berichte kriegen."

Das gegen sie gerichtete Verhalten der Dorfbewohner beobachtet sie seit dem Jahr 1898 und sieht es als persönlichen Angriff auf ihre Person an: „... die Leute wüthen im Hause u. außer dem Hause, denn wenn die Leute alle auf mich fahnden, Die hier bei unserm Hause wandern jeden Tag, denn darf ich ja garnicht aus der Thüre treten ..." In einigen Bemerkungen wird deutlich, welches Ausmaß ihre Vorstellung, systematisch beobachtet zu werden, angenommen hat – insbesondere, wenn Antje Wegner vermutet, daß sich „ganze Dörfer" an den „Intrigen" gegen sie beteiligen. Jegliche Veränderung in ihrem Umfeld bezieht sie auf sich, so z. B. die vielen Käufe und Verkäufe umliegender Höfe, das Abbrennen vieler Häuser und das Sterben vieler ihrer Bekannten.

Zu kaum einem der Dorfbewohner hat Antje Wegner ein gleichbleibend gutes Verhältnis, da sie niemandem völlig vertraut. Den meisten Kontakt hat sie zu den Frauen der Besitzer kleinerer oder mittlerer Stellen, zu ihrer direkten Nachbarin Wilhelmine Thießen und vereinzelt zu den bei ihren Nachbarn angestellten Dienstmädchen; mit den größeren Bauern im Dorf spricht sie kaum. Weder zu den Königs noch zu den Henschens, deren Ländereien unmittelbar an das Grundstück der Wegners anschließen, besteht eine Verbindung. Wilhelm und Catharina Wegner haben zeitweise häufiger Kontakt mit der Familie Kühl; Antje Wegner steht dieser jedoch kritisch gegenüber. Trotz weniger Kontakte spricht sie z. B. über die Familie Junge überwiegend positiv; extrem mißtrauisch ist sie gegenüber den Familien König und Gosch sowie „Frau“ Ploog.

Zusammengefaßt läßt sich sagen: Die Rolle, die Antje Wegner bei den Streitigkeiten im Dorf spielt, ist nur schwer auszumachen. Als Frau von dem einzigen dauerhaft in Jützbüttel wohnhaften Arbeiter, die zudem krank ist und die Kate nicht verlassen kann, ist sie der unteren Sozialschicht im Dorf zuzuordnen. Demnach muß sie sich in das soziale Rollengefüge der Ortschaft einfügen und ist gleichzeitig auf Besucher angewiesen, um ihren Unmut darüber und ihr generelles Mißtrauen zu verbreiten. Offensichtlich lehnt sie das Verhalten vieler Dorfbewohner ab und beschwert sich bei ihren Gesprächspartnern über etliche Personen. Ihr Verhalten bei einer direkten Konfrontation mit der entsprechenden Person ist jedoch sehr unterschiedlich: Auf der einen Seite scheint sie einen Streit selbst mit ihr unsympathischen Personen möglichst vermeiden zu wollen und verhält sich im Ernstfall lieber ruhig; auf der anderen Seite greift sie die gleichen Personen in ansonsten freundlichen Gesprächen durch kleine Bemerkungen oder aber ganz direkt an. Ein Hausrezept gegen ihren Husten von Wiebke Gosch tut sie z. B. mit den Worten ab: „... allen Leuten Ihren Rat traue ich nicht ...“ Abgesehen von solchen Zwischenbemerkungen sagt Antje Wegner einigen Dorfbewohnern auch sehr direkt ihre Meinung, meist ohne ersichtlichen Anlaß. So kritisiert sie z. B. Antje Ratjens, ein Dienstmädchen von Wilhelmine Thießen, und den Händler Otto Looft deutlich für deren „Gerede“ über sie selbst und andere. Vermutlich wegen dieser Direktheit scheinen sich zumindest die Briefträger darum zu bemühen, die Kate der Wegners nur so kurz wie möglich aufzusuchen. Wilhelm Wegner berichtet mehrmals, daß sie nur ungern die Kate betreten: „... Sie klagen über Dich, Du bist so spöttisch u. so naseweis, Sie mögen hier garnicht her, ... Sie mögen Dein Gesicht nicht sehen, Sie sind alle bange vor Dir.“

Es ist nicht eindeutig zu erkennen, ob Antje Wegner die sozialen Unterschiede zwischen den Dorfbewohnern – die ihr sehr bewußt sind – akzeptiert und sich dementsprechend zurückhaltend z. B. Bauersfrauen größerer Höfe gegenüber verhält, oder ob sie bewußt versucht, ihre eigene Stellung zu ignorieren und möglichst bestimmt allen gegenüber aufzutreten. Tendenziell scheint sie jedoch besonders einflußreichen Familien gegenüber eher zurückhaltend zu wirken – um diese anschließend in Gesprächen und somit in ihren Briefen um so negativer darzustellen.

In jedem Fall bewirken allein ihre Neugierde, ihr Mißtrauen und das Verfassen der Briefe – das bekannt ist – genau das, was sie den anderen Jützbüttlern vorwirft: das gegenseitige Mißtrauen wird gesteigert, das solidarische Verhalten der Nachbarn wird in Frage gestellt und Gerüchte werden verbreitet. Damit trägt sie aktiv dazu bei, das Gleichgewicht im Dorf zu stören und Streitigkeiten zu intensivieren.

Selbst- und Fremdwahrnehmung

Bei dem Versuch, zu erarbeiten, wie sich Antje Wegner selbst wahrnimmt und sich dementsprechend in ihren Briefen darstellt und wie sie die Meinung anderer über ihren Charakter vermittelt und kommentiert, lassen sich einige Besonderheiten erkennen. Hierbei fällt vor allem in bezug auf die Selbstwahrnehmung auf, daß sie in vielen Punkten massiv von der – vermutlich unbewußten – Selbstdarstellung der Verfasserin abweicht.

Ein Einblick in die Selbstwahrnehmung der Verfasserin erfolgt nie direkt, sondern ausschließlich indirekt und durch Äußerungen, die Antje Wegner ihren Gesprächspartnern gegenüber macht. In keinem Brief weicht sie von dieser Art der Darstellung ab; nie äußert sie außerhalb einer wiedergegebenen Unterhaltung ihre Meinung. Auffällig oft fallen Bemerkungen über Tugenden, die die Verfasserin für ehrbar und wichtig hält und denen sie entsprechen will bzw. durch diese Bemerkungen zu entsprechen glaubt. Insbesondere betont sie immer wieder, daß sie ausschließlich an der Wahrheit und nicht an Gerüchten interessiert sei. Das Gerede der Leute interessiere sie nicht; jeder müsse selbst wissen, was er tue und worüber er rede. Sie ermahnt ihre Tochter ununterbrochen, sich nicht in Streitigkeiten einzumischen und sich nicht zu diesen zu äußern.

Darüber hinaus präsentiert sich die Verfasserin oft als hilfsbereit und freundlich. Fremden Besuchern, die um eine Auskunft, etwas zu trinken oder Blumen bitten, kommt sie gerne entgegen; wenn ihre Gesundheit es zuläßt, schickt sie Catharina zum Helfen selbst zu entfernten Verwandten. Für jedes Essen von Nachbarn und jede finanzielle Unterstützung des Pastors bedankt sie sich deutlich.

Zudem demonstriert Antje Wegner einen ausgeprägten Stolz, durch den sie sich Selbständigkeit und Unabhängigkeit bewahrt: Obwohl sie z. B. etliche Haushaltsgeräte gut gebrauchen könnte, möchte sie keine von der Familie Klehn aussortierten Gegenstände in ihrer Kate haben, da sie ihr eigentlich nicht gehören. Alle bei den Händlern gekauften Waren bezahlt sie sofort bei der Lieferung; fehlt ihr das Geld, stellt sie es dem jeweiligen Händler frei, alles wieder mitzunehmen, ohne darum zu bitten, später zahlen zu können. Die Familie ist auf jede Mark angewiesen, dennoch unterstützt sie ihren Mann aufgrund ihrer eigenen Erfahrungen darin, nicht bei einem Gerichtstermin zu erscheinen, ohne den seine Unfallrente von 60 Mark auf 36 Mark monatlich gekürzt wird. Schließlich macht sie durch die Unterschrift „frühere Brotträgerin" in jedem Brief erneut auf ihren ehemaligen Beruf aufmerksam.

Zusammengefaßt scheint sie sich als eine selbstbewußte Frau wahrzunehmen, die sich streng an ihren Moralkodex hält, der ihr vorgibt, welches Verhalten richtig und welches falsch ist. Sie schätzt sich als hilfsbereit und freundlich ein und zudem als zu stolz, um „Almosen" akzeptieren zu können.

Die Fremdwahrnehmung wird durch zwei Aspekte vermittelt: auf der einen Seite durch die Vorwürfe ihres Mannes und die Berichte über „Schilderungen" durch Dorfbewohner, auf der anderen Seite durch Lob und Bestätigung ihrer Besucher für ein korrektes Verhalten. Auffällig sind hierbei besonders die jeweiligen Reaktionen der Verfasserin.

Vorwürfen zufolge haben die Briefträger Angst vor ihr, da sie „spöttisch und naseweis" ist; einige Dorfbewohner sprechen u. a. über ihre schmutzige Küche und ihre „Einbildungen". Die Verfasserin kommentiert die Vorwürfe fast immer sofort und versucht somit, sie zu widerlegen. Ihrem Mann z. B. widerspricht sie deutlich und weist alle Anschuldigungen als falsch zurück. Die Dienstmagd Antje Ratjens zieht sie für deren „Schilderungen" ebenfalls direkt zur Verantwortung; die durch Antje Hinrichs wiedergegebenen Darstellungen des Bauern Detlef Henschen über ihren Haushalt quittiert sie hingegen mit Schweigen.

Positive Erinnerungen an ihre früheren Leistungen und Bestätigungen ihrer Krankheit und Hilflosigkeit bekräftigt sie deutlich. Als z. B. die Haushälterin von Johann Speck erwähnt, daß sich der Bauer immer noch daran erinnert, wie „tüchtig" Antje Wegner gearbeitet habe, antwortet diese: „… ja, das habe ich auch …"

In bezug auf ihre Krankheit nutzt Antje Wegner die (oft von ihr provozierten) Fragen ihrer Besucher, um ihren körperlichen Zustand zu schildern. Geht jemand nicht in der gewünschten und üblichen Art und Weise – also mitleids- und verständnisvoll – darauf ein, macht die verärgerte Reaktion der Verfasserin deutlich, daß ihre eigene Schilderung – und nicht die des Besuchers – der Wahrheit entspricht.

Gerade bei einer näheren Betrachtung der Selbst- und Fremdwahrnehmung fällt auf, nach welchen Bewertungskriterien Antje Wagner über sich und andere urteilt.

Als besonders elementar sieht sie die Leistung eines jeden an, die nach der Quantität und Qualität seiner Arbeit bemessen wird. Da die Frauen in einer dörflichen Gesellschaft ihren festen Arbeits- und Aufgabenbereich haben, muß sie ihre früheren Leistungen als Brotträgerin und ihre aktuelle Krankheit immer wieder hervorheben, um deutlich zu machen, daß auch sie ihre Pflichten erfüllt hat und nun nicht aus Faulheit keiner Arbeit mehr nachgeht. Ihre häufigen Beteuerungen, daß sowohl ihre Tochter als auch ihr Mann ebenfalls nicht gesund sind, dienen vermutlich als weitere „Entschuldigung", daß weder sie noch ihre Familienangehörigen genug Geld für einen höheren Lebensstandard verdienen.

Da sie den eigentlich von ihr geforderten Leistungen nicht mehr nachkommen kann, hebt sie zudem die Tugenden Ehrlichkeit und Zurückhaltung hervor. Ihnen will sie entsprechen – und mit ihnen als Maßstab urteilt sie über andere.

Es ist nicht zu erkennen, ob Antje Wegner ihre „positiven" Charaktereigenschaften bewußt erwähnt oder ihre „negativen" Züge bewußt widerlegen will. Es kann zudem nicht ermittelt werden, ob sie sich durchgehend vor Augen hält, daß sie an den Kaiser schreibt – und dementsprechend positiv auffallen möchte –, oder ob sie zeitweise ihre Gedanken und Empfindungen unreflektiert und unmittelbar wiedergibt. Diese Frage hängt eng mit dem Selbstverständnis der Verfasserin und der Funktion der Briefe zusammen und wird im Schlußkapitel aufgegriffen.

Der industrielle und gesellschaftliche Wandel in den Jahren 1905 bis 1912

Die im folgenden dargestellten Beispiele für den industriellen und gesellschaftlichen Wandel in Dithmarschen am Anfang des 20. Jahrhunderts stammen ausschließlich aus Gesprächen, die die Verfasserin mit Ortsbewohnern, Händlern oder Verwandten führt. Jeweils beide Gesprächspartner bringen Erlebnisse bzw. Berichte ein oder stimmen in der Diskussion überein, daß die Beobachtungen aus ihrer Sicht zu verallgemeinern sind. Somit repräsentieren die nachfolgenden Ausführungen kollektive Wahrnehmungen einiger Bewohner des ländlichen Raums in Dithmarschen am Anfang des 20. Jahrhunderts – immer jedoch dargestellt durch die subjektive Auffassung und Wiedergabe durch die Verfasserin der Briefe. Antje Wegner selbst nimmt – vermutlich durch die ausschließlich passive Beobachtung der vielen Veränderungen in ihrer Umgebung – Zeit und Raum besonders intensiv wahr.

Nachdem 1893 eine amtliche Einheitszeit eingeführt wird[60], ist eine genaue Zeitangabe im Alltag des beginnenden 20. Jahrhunderts nur im Zusammenhang mit Zugzeiten u. ä. von besonderer Bedeutung. Im landwirtschaftlichen Bereich spielt die Uhrzeit zwar eine zunehmend größere Rolle, hierbei ist jedoch eher die Dauer der Arbeit von Interesse als Pünktlichkeit bei Arbeitsbeginn, Pausen oder das Arbeitsende. Die Uhr der Wegners geht noch 1905 ein bis zwei Stunden vor; 1907 wird bereits genauer darauf geachtet, daß sie zumindest annähernd die richtige Zeit zeigt. Hierbei muß allerdings ein Kompromiß gefunden werden, der sowohl Antje Wegner als auch ihren Mann zufriedenstellt. Da die Uhr bei Claus Klehn anderthalb Stunden vorgeht, ist Wilhelm Wegner daran gelegen, seine Uhr der Uhr des Arbeitgebers anzupassen; seine Frau hingegen ist an einer möglichst korrekten Uhrzeit interessiert, um das Kommen der Händler besser einschätzen zu können. Die Uhr ist dennoch nur beschränkt wichtig; sie geht 1907/08 ungefähr eine halbe bis eine volle Stunde vor.

Ein sich veränderndes Raum-Zeit-Empfinden zeigt sich zudem deutlich in den von der Verfasserin verwendeten Begriffen. Die Ausdrücke „rasen“, „rennen“ und „jagen“ durchziehen ihre Darstellungen von den „Reisen“ der Dorfbewohner; der stereotyp negativ besetzte Satz „... das ist ja großartig ...“ unterstreicht Antje Wegners Empfindung von einer Schnelligkeit und Hektik um sie herum, die für sie ungewohnt und beängstigend ist.

Obwohl die Verfasserin 1905 noch keine „Listen“ der vorbeifahrenden Menschen in ihre Briefe einbaut, sondern nur in vereinzelten Sätzen über die vorbeigehenden Dorfbewohner schreibt, bemerkt der Händler Schrum zu dem Verkehrsaufkommen auf der Chaussee: „... daß ist ja zu arg hier in Jützbüttel, das giebt ja Tote hier ...“ 1907 umfassen schließlich auch die Listen der Verfasserin über „das Fahren“ etliche Seiten pro Brief. Der industrielle Wandel und der zunehmende Verkehr durch Fahrzeuge, die vorher nicht zum alltäglichen Erscheinungsbild in Jützbüttel gehört haben, wird durch etliche Bemerkungen veranschaulicht. Im Sommer 1907 beobachtet die Verfasserin zwei vorbeifahrende „Automobile“ mit jeweils drei Männern darin und notiert sich: „Die jagen hier ja jetz öfters, ob das alle Herren sind ...“ Auch die Nutzung von Motorrädern nimmt zu; sie fahren wie die meisten Fuhrwerke in der Nacht noch ohne Laternen. Zunehmend mehr Menschen nutzen Fahrräder, um die umliegenden Ortschaften zu erreichen; Antje Wegner empfindet das Klingeln der Fahrradfahrer als extrem belästigend. Besonders die Verfasserin stören in ähnlichem Maße alle lauten Geräusche: Sprechen die Dorfbewohner oder Händler etwas lauter, „schreien“ sie; klopft jemand an ihre Tür oder versucht sie zu öffnen, empfindet sie dies als „schlagen“ oder „reißen“.

Die Wahrnehmung eines sich wandelnden Lebensstils, an dem Antje Wegner aufgrund ihrer Unbeweglichkeit nicht teilnehmen kann, wird zudem vermutlich durch die zahlreichen Veranstaltungen intensiviert, die in Albersdorf, Osterrade und den umliegenden Dörfern stattfinden und an denen viele Jützbüttler teilnehmen. Generell stellt die Verfasserin fest, wie sehr die Anzahl der Feste in den letzten Jahren zugenommen hat und daß auf ein Fest nahezu unmittelbar das nächste folgt. Neben den traditionellen Veranstaltungen, wie z. B. dem Vogelschießen, Ringreiten oder einem Jahrmarkt, werden zunehmend Theaterveranstaltungen, Bälle, „Maskeraden“ oder Konzerte besucht. Hinzu kommen zahlreiche Auktionen, Füllen- oder Jungviehschauen, jährliche Volksfeste oder ein „Karpfenschmaus“ in einer Gastwirtschaft. Feuerwehrübungen und -feste, Versammlungen, Sitzungen der Sparkassen und Gilden werden meist von allen Mitgliedern wahrgenommen, da bei Abwesenheit häufig „Strafe“ gezahlt werden muß. Zudem wird regelmäßig zu Verlobungen, Hochzeiten, Taufen und Beerdigungen geladen, die – wenn dies finanziell möglich ist – in größerem Rahmen begangen werden. Den Bemerkungen Antje Wegners zufolge, die sie nach nahezu allen Veranstaltungen gegenüber Händlern oder Nachbarn macht, wird bei den meisten Veranstaltungen viel Alkohol konsumiert und bis weit in die Nacht gefeiert.

Über die Landwirtschaft werden Aussagen sowohl zu den Dienstverhältnissen als auch zu der zunehmenden Verwendung von Maschinen gemacht. Im allgemeinen gilt Dithmarschen als ein Gebiet, in dem sich die Knechte, Mägde und Landarbeiter gerne Arbeit suchen, weil die Beköstigung wesentlich besser ist als in den umliegenden Landschaften. Die Zufriedenheit der Dienstleute hängt in großem Maße von dem Essen ab, das sie auf den jeweiligen Stellen bekommen: In Bunsoh läuft ein Knecht weg, weil es statt Butter nur Margarine gibt; die anderen Beschäftigten wehren sich dagegen, indem sie ein großes Schild an einen Baum schlagen, auf dem sie auf die schlechte Verpflegung aufmerksam machen. Als der Bauer darauf reagiert, indem seine Dienstleute noch mehr Margarine bekommen, Antje Hinrichs über die schlechte Versorgung bei Detlef Henschen klagt und ein Knecht von Hans Gosch sich ebenfalls zunehmend über das schlechte und unzureichende Essen beschwert, macht Antje Wegner deutlich, was sie jeweils darüber denkt: „... das ist doch zu arg, Sie können den Leuten man zu essen geben, denn haben Sie auch Leute." Dementsprechend ist die Folge einer schlechten Versorgung, die sich schnell unter den Dienstleuten herumspricht, daß auch in Jützbüttel einige Bauern keine Arbeitskräfte für die Erntearbeiten finden. Dennoch nutzen bestimmte Bauern die Möglichkeit, die zu leistende Arbeitszeit ihrer Dienstleute zu maximieren: Johann Junge und seiner Frau wird nachgesagt, die Uhr nachts bzw. morgens vorzustellen und sie am Tag wieder stehen zu lassen.

In der Regel werden bei allen größeren Bauern in Jützbüttel und Umgebung viele Erntearbeiten durch Maschinen erleichtert; Dampfmaschinen kommen zunehmend zum Einsatz. Zudem wird das Düngen intensiviert, was zu weiteren Ertragssteigerungen führt.

Besonders in den Jahren 1907 bis 1912 werden „Strolche" bzw. Monarchen auf den Straßen gesehen. Im Sommer 1907 berichtet Antje Wegner: „... die Strolche wandern hier doch so furchbar, bei Dreien u. Vieren, ich glaube, es sind leicht 30 an einem Tage, es können noch mehr sein, man darf ja kaum aus der Thüre treten ..." Diese Bemerkung macht deutlich, daß die vielen herumziehenden Landarbeiter etliche Menschen ängstigen. Einige Geschichten berichten von Monarchen, die im Herbst die Scheiben von Geschäften einschlagen, um die Zeit bis zur nächsten Erntesaison, in der sie Arbeit finden können, im Gefängnis zu verbringen. Die Verfasserin verschließt ihre Tür auch tagsüber deshalb so gründlich, weil sie fürchtet, die Monarchen könnten in ihre Kate kommen. Gleichzeitig hat sie Mitleid mit ihnen, wenn sie von den Bauern kein Essen bekommen, und Verständnis, daß sie den Bäuerinnen, die sie mit dem „Knittel" schlagen, Steine in die Fenster werfen. Mehrere „Strolche" berichten von den schlechten Mahlzeiten während der Erntearbeiten: Sie hätten „... einstmal in vier Tagen immer Mehlkost gekriegt. ... in Immenstedt hatten Sie vorigen Herbst in eine Woche immer Erbsen u. Bohnensuppe gekriegt ..." Zumindest gilt das ungeschriebene Gesetz, daß sich die herumziehenden Landarbeiter morgens etwas Kaffee aus den Bauernhäusern holen dürfen, nachdem sie die Nacht im Stroh und unter freiem Himmel verbracht haben. Generell haben die Monarchen den Ruf, unzuverlässig und dem Alkohol zugeneigt zu sein. Als Ausnahme gilt ein Wanderarbeiter, der bei Detlef Henschen angestellt ist und so positiv auffällt, daß er sogar im Haus die Kinder hüten darf. Einige Tage später ist jedoch auch er weitergezogen, was nur wenige Dorfbewohner verwundert.

Antje Wegner ist dennoch überzeugt, daß die Monarchen für viele Vorkommnisse verantwortlich gemacht werden, an denen sie nicht beteiligt sind: „... wenn der Amtsvorsteher u. die anderen Herren vielleicht solches thun, denn kriegen die Strolche die Schuld ..."

Auch die Krankenkassen für die Arbeiter und die Invalidenrente sind Gesprächsthemen. Durch den Bauerstock wird in Jützbüttel ein Schreiben verbreitet, in dem die Arbeiter im April 1908 aufgefordert werden, „... Ihre Versicherungspflichtigen Arbeiter u. Dienstboten bei der Krankenkasse anzumelden, Die es versäumen sollen sogar bestraft werden ..." Aus der Reaktion von Antje Wegners Gesprächspartnerin, Frau Ploog, wird deutlich, was diese als Arbeitgeber davon hält: „... laß Sie man, Sie mit Ihre Krankenkasse, da sind Sie doch mit beschissen ..." Claus Klehn dagegen trägt regelmäßig die Krankheitstage von Wilhelm Wegner in die vorgeschriebenen Karten ein, wenn dessen Arbeitsunfähigkeit von dem Arzt bescheinigt wird. Auch andere Arbeitgeber entrichten für ihre Dienstleute einen Beitrag zur Krankenkasse, obwohl sich das System noch nicht bewährt hat: Die Magd von Antje Thießen darf trotz Krankheit keinen Arzt rufen; Catharina war bei einem ihrer früheren Arbeitgeber versichert, bekam dafür aber weniger Lohn.

Die Thematik der Invalidenrente betrifft Antje Wegner direkt. Da ihre eigene Invalidenrente abgelehnt wurde und sie früher schlechte Erfahrungen mit den Revisoren aus Kiel gemacht hat, besteht sie darauf, daß Catharina regelmäßig „Karten klebt", obwohl sie auf keiner Stelle dient. Einige ihrer Gesprächspartner sind dennoch mißtrauisch. Frau König ist sich sicher, daß „... mit dem Invaliden-Gesetz ... furchtbarer Schwindel mit vor(ginge) ..."; Schrum bemerkt dazu: wenn man aber Rente haben wollen, die muß man doch ja aus dem Fegefeuer holen ..." Alle sind sich nach einigen Beispielen einig, daß die wirklich Bedürftigen keine Untersützung bekommen und die herrschende Gesetzgebung falsch sein muß.

Das Dorfbild von Albersdorf und den umliegenden Dörfern verändert sich zunehmend. Der Verfasserin, die erst einmal in ihrem Leben in Altona gewesen ist, seit 1901 Albersdorf nicht mehr gesehen und ihr Grundstück seit Jahren nicht verlassen hat, ist das ständige Bauen, Kaufen und Verkaufen von Häusern, von dem sie in der Zeitung liest und über das ihr von ihren Besuchern berichtet wird, fremd: „... das sagen die Leute mir hier auch immer, daß die Leute allenthalben so furchbar bauen, die Dörfer verändern sich ja wohl ganz ..." Die deutlichen Veränderungen fallen auch ihrem Mann auf, der sich sicher ist, daß seine Eltern – würden sie noch leben – über den Fortschritt in vielen Bereichen sehr verwundert wären. Dennoch erkundigt sich Antje Wegner detailliert nach Kaufpreisen, den Auktionen für Haushaltsgegenstände oder den neuen Besitzern der Felder. Immer öfter werden „Gütermackler" beauftragt, sich um einen Hauskauf oder -verkauf zu kümmern; die Gebühren für das Umschreiben und Stempeln sind hoch. Einige Bauern verkaufen ihre Höfe, um nach Albersdorf zu ziehen und sich dort einen „Pallast" zu bauen; andere bringen den Erlös zur Bank: „... die Leute verkaufen ihre Besitze u. das Geld schleppen Sie nach der Bank, da sitzen denn mehrere Hunderttausend Mark u. denn sagen Sie immer, Sie haben nichts." In Jützbüttel wird angebaut oder ein größerer Stall errichtet; Land wird jedoch kaum noch dazugekauft, da die Bauern hiervon genug haben. Neue Höfe werden in den Jahren 1907/08 nicht errichtet, allerdings zieht der „Neubauer" Hans Jacob Thießen aus Röst auf den ehemaligen Hof von Claus Klehn, nachdem dieser die Hofstelle seines Bruders Johann übernommen hat.

Zu dem Prozeß der Veränderung gehört auch das Sterben von vielen Menschen, die Antje Wegner kannte und von deren Tod sie hört oder in der Zeitung liest: „... das ist ja sonderbar, da bleiben in diesen Jahren so viele Leute so rasch tod, solches haben wir hier früher auch nicht gehabt." Gerade frühere Bekannte der Verfasserin scheinen zu sterben: „... in diesen Jahren, wie ich krank bin, sind die Mehrsten weg gestorben ...“ Diese Wahrnehmung beruht jedoch vermutlich eher auf anderen Faktoren, wie z. B. dem geringen Kontakt mit einigen dieser Menschen in den letzten Jahren oder dem zunehmenden Alter der Verfasserin – und demnach auch dem ihrer früheren Bekannten.

Die tiefgreifenden Veränderungen, die im Bereiche der Nahrungszubereitung und im Zusammenhang mit einer zunehmenden Spezialisierung des Handelssektors zu beobachten sind, werden deutlich wahrgenommen: Die Bauern backen ihr Brot nicht mehr selbst, sondern bringen ihr Mehl zu einem Bäcker; die Milch wird nicht mehr von den Mägden verarbeitet, sondern in die Meiereien gebracht, und die Kleidungsstücke werden nicht mehr selbst hergestellt, sondern in den Läden gekauft.

An weiteren gesellschaftlichen und industriellen Veränderungen werden in den Gesprächen u. a. der Umgang mit den Vätern unehelicher Kinder, das „Soldatenleben“, die zunehmende Darstellung von „Mord u. Todschlag u. Rauben u. Stehlen“ in den Zeitungen sowie Bauarbeiten und Veränderungen am Kaiser-Wilhelm-Kanal, in bezug auf die Werften, Meiereien oder die Gas- und die Bohranstalt thematisiert.

Zusammenfassung

Ziel dieser Arbeit war es, die vorliegenden Briefe in zweierlei Hinsicht zu untersuchen. Zum einen sollte die subjektive Wahrnehmung der Verfasserin von unterschiedlichen Bereichen ihres Lebens rekonstruiert werden; zum anderen stellte sich die Frage, in welcher Art und Weise die Briefe als Kommunikationsmittel für die Verfasserin fungierten und welche Funktion sie in diesem Zusammenhang ausübten. Hierbei ging es nicht um die Erfassung der „Wirklichkeit", sondern ausschließlich darum, die Wahrnehmung Antje Wegners in bezug auf ihre dörfliche Lebenswelt zu rekonstruieren.

Betrachtet man schließlich die Teilbereiche nebeneinander, fallen die Wechselwirkungen und komplexen Zusammenhänge zwischen ihnen auf: Die Funktion der Briefe als Kommunikationsmittel läßt sich nicht von der Biographie und dem Alltag der Verfasserin trennen.

Antje Wegner beginnt mit dem Schreiben der Briefe, nachdem ihr Antrag auf Invalidenrente abgelehnt wird. Das Anfertigen von detaillierten Aufzeichnungen hat sie zuvor in der Schule, im Konfirmandenunterricht und bei ihren Eltern gelernt. Da sie sich durchgehend wichtige Daten, Termine und Ereignisse notiert hat, bietet sich eine Berichterstattung aller Erlebnisse in Briefform an. Ihre Arbeitslosigkeit – bedingt durch eine Krankheit, aufgrund derer sie weder Hausarbeit leisten noch ihr Grundstück verlassen kann – stellt sie vor elementare Probleme. Sie kann nicht mehr zum Familienunterhalt beitragen und nicht mehr aktiv am Dorfleben teilnehmen; zudem muß sie zahlreiche Stunden am Tag füllen. Gerade durch ihre „Nutzlosigkeit", d. h. die Tatsache, daß sie keine im üblichen Sinne produktive Arbeit leisten kann, wird ihr die Grundlage für ihr bisheriges Selbstbewußtsein und Selbstverständnis entzogen.

Durch das Schreiben der Briefe an den Kaiser kann sie sich aktiv gegen ihre aktuelle Lebenssituation wehren, indem sie dem Staatsoberhaupt regelmäßig Berichte über das Leben in ihrer Ortschaft liefert. Damit leistet sie einen in ihren Augen wichtigen Beitrag, um den Kaiser über Vorkommnisse in einer preußischen Provinz zu informieren. Gerade die Kosten und Anstrengungen bei der Anfertigung der Schriften – insbesondere, da ihre Krankheit ein regelmäßiges und langes Schreiben erschwert und sie sich sowohl den Ermahnungen der örtlichen Obrigkeit als auch dem Ärger ihres Mannes aussetzt – können ihre Arbeit nur aufwerten. Neben diesen offensichtlichen Argumenten, mit denen Antje Wegner das Verfassen der Briefe vor sich selbst und anderen rechtfertigt, kann sie persönlichen Nutzen aus ihren Aufzeichnungen ziehen. Sie kann ihren Ärger über das Ablehnen der Invalidenrente zum Ausdruck bringen und gleichzeitig ihre – vermutlich seit ihrer Jugend angestaute – Wut auf den Amtsvorsteher zum Ausdruck bringen. Zudem kann sie sich gegen diejenigen unter den Dorfbewohnern Jützbüttels, von denen sie sich in früheren Jahren oder zur Zeit des Schreibens schlecht behandelt fühlt, wehren, indem sie ihr Mißtrauen ihnen gegenüber in den Briefen deutlich macht. Schließlich kann sie ihre „Arbeit“ nahezu vollständig in ihren Alltag einbringen bzw. ihren Alltag nach dieser Arbeit einrichten.

Antje Wegner versucht, sich mit einer „Doppelstrategie“ gegen die sozialen Zwänge ihrer Umgebung zu wehren und dennoch in ihrem Alltagsleben zurechtzukommen. Ihre Briefe sind Ausdruck eines deutlichen Widerstands gegen die sie umgebenden gesellschaftlichen Normen und Wertvorstellungen; gleichzeitig versucht sie, auch ihren neuen Alltag bestmöglich an diese Normen anzupassen, um die für sie elementar wichtigen Kontakte zu ihrer unmittelbaren Umgebung nicht zu gefährden[61]. Die Verfasserin gibt sich damit zufrieden, über ihre negativen Erfahrungen zu berichten; der nächstliegende Schritt, direkt Hilfe oder Unterstützung einzufordern, scheint ihr jedoch zu gewagt. Zudem ist zwar in Jützbüttel bekannt, daß Antje Wegner regelmäßig an den Kaiser schreibt; die Schriften werden aber „heimlich“ angefertigt und nie als Drohung eingesetzt.

Dennoch müssen mehrere Fragen offenbleiben, da sich aus den Quellen keine eindeutigen Schlüsse ziehen lassen. Es kann u. a. nicht ermittelt werden, aus welchem konkreten Grund sich Antje Wegner an den Kaiser gewandt hat; ob sie ihn z. B. wegen der in der Zeitung und in den Kreisblättern dargestellten Gesetzentwürfe in bezug auf die Sozialversicherung oder aufgrund anderer Überlegungen als Adressaten gewählt hat. Weiter ist nicht erkennbar, ob und inwiefern das Verhältnis zwischen Antje Wegner und den Dorfbewohnern Jützbüttels durch die vorliegenden Briefe beeinflußt wurde. Auch kann nicht festgestellt werden, inwieweit die Briefe neben ihrer vorrangigen Funktion, den Kaiser zu informieren, zusätzlich eine Tagebuchfunktion erfüllt haben.

Diese Fragen stehen in engem Zusammenhang mit der Person Antje Wegners – und alle Angaben zu dieser werden ausschließlich durch die Verfasserin selbst gemacht. Die Grenzen bei der Auswertung von Privatbriefen sind damit deutlich umrissen: Der Empfänger – oder Leser – wird nur über das informiert, was die Verfasserin ihm mitteilen möchte, und nur in der Darstellungsweise, die sie für angebracht hält. Antje Wegners Briefe sollen in erster Linie als Informationsmittel für den Kaiser dienen. Somit gibt sie fast ausschließlich Gespräche und Beobachtungen in bezug auf andere wieder und läßt ihre eigenen Ansichten nur einfließen, wenn sie sich auf Unterhaltungen beziehen. Erlebnisse, die ausschließlich für sie, nicht aber für den Adressaten von Interesse sind, wie der Besuch ihrer ältesten Tochter, erwähnt sie nur in Nebensätzen. Dahingegen sind die Unterhaltungen mit ihrer jüngsten Tochter größtenteils wichtige Informationsquellen für die Vorkommnisse in Jützbüttel und die Streitigkeiten mit ihrem Mann Belege für das Unverständnis, das Antje Wegner und ihrer Situation entgegengebracht wird – beides ist demnach durchaus erwähnenswert. Um sich selbst möglichst positiv darzustellen, versucht sie schließlich, ihre Charaktereigenschaften zu betonen, die ihr wichtig erscheinen, so z. B. Hilfsbereitschaft, Freundlichkeit und Zurückhaltung.

Die vorliegenden Briefe sind in mehrfacher Hinsicht sehr „untypische“ Quellen. Als Privatbriefe stellen sie eine Seltenheit dar, da die Absenderin über mindestens acht Jahre hinweg an einen Empfänger schreibt, der ihr persönlich nicht bekannt ist und der nicht auf ihre Schriften reagiert. Zudem ist die Wahl des Kaisers als Adressat ungewöhnlich; insbesondere, da Antje Wegner sich nicht an die gesellschaftlichen Vorgaben hält, aus welchen Gründen und auf welche Art und Weise ein Staatsoberhaupt anzuschreiben ist. In bezug auf die in den Briefen behandelten Themen fällt deren Vielfalt auf: Obwohl die Verfasserin ihr Grundstück nicht verlassen kann, interessiert sie sich für nahezu alle Vorgänge und Veränderungen in ihrer Umgebung und berichtet über diese detailliert.

Von besonderer Bedeutung ist jedoch die Tatsache, daß die vorliegenden Briefe einen Einblick in die dörfliche Lebenswelt in Schleswig-Holstein am Anfang des 20. Jahrhunderts geben – strukturiert und regelmäßig über einen Zeitraum von acht Jahren. Aus der individuellen Sicht einer ehemaligen Tagelöhnerin werden das soziale Gefüge, die herrschenden Norm- und Wertvorstellungen und die Bewertungskategorien in einer kleinen Dorfschaft beschrieben. Zudem wird deutlich, vor welche sozialen Probleme sich eine kranke Frau in einer Gesellschaft gestellt sieht, in der Leistung der Maßstab für Ansehen ist. Die Folgen einer plötzlich eintretenden Arbeitsunfähigkeit können sich verändernde Norm- und Wertvorstellungen sein, die der Kranken zusätzlich das Gefühl geben, ihrer bisherigen sozialen Rolle nicht mehr zu entsprechen. Die gewählten Mittel, um dennoch ein eigenes Selbstbewußtsein aufzubauen und ein möglichst „normales“ Alltagsleben zu führen, hängen jeweils von dem individuellen Hintergrund der entsprechenden Person ab.

Aus volkskundlicher Sicht ist der Informationsgehalt der Briefe immens. Neben dem Einblick in die dörflichen Strukturen und Regelsysteme werden zahlreiche Themen behandelt, über die bisher nur wenige ähnliche Quellen vorliegen, wie z. B. das sich im Zuge der Industrialisierung verändernde Zeit-Raum-Empfinden, die tiefgreifenden Veränderungen in der Landwirtschaft und im Lebensstil der dörflichen Bevölkerung oder die Einstellung der Betroffenen zu der Einführung der Sozialversicherungen. Zudem werden die Leistungen des Schulsystems in Dithmarschen um 1860 deutlich, die Häufigkeit von und der Umgang mit unehelichen Kindern veranschaulicht und die Einstellung zum Kaiser nach dem Deutsch-Französischen Krieg nachvollziehbar. Daneben werden Feste und Veranstaltungen erläutert, der Umgang mit den herumziehenden Landarbeitern beschrieben oder die Bedeutung des Bauerstocks verdeutlicht. Die Informationen zu den jeweiligen Themenbereichen decken sich in den großen Linien mit der Literatur, die sich mit den Verhältnissen in Dithmarschen zur Zeit der Industrialisierung auseinandersetzt[62].

Nach der Darstellung der Aussagekraft der Briefe läßt sich abschließend die Frage nach dem Nutzen mikrohistorischer Forschung beantworten. Auch wenn die untersuchten Quellen eine Besonderheit darstellen, können aus ihnen Rückschlüsse auf „das Gewöhnliche“ gezogen werden. Durch die Schilderungen Antje Wegners kann nicht nur deren subjektive Wahrnehmung ihrer Lebenswelt erarbeitet werden, sondern darüber hinaus ein Einblick in ihre soziale Eingebundenheit in einen historischen Prozeß gegeben werden. Gerade durch ihre besondere Lebenssituation und ihr individuelles, von der Norm abweichendes Verhalten lassen sich die Widersprüche und Mehrschichtigkeiten einer dörflichen Lebenswelt zur Zeit der Wende vom 19. zum 20. Jahrhundert erkennen[63].

Ziel dieser Arbeit war es nicht, zu allgemeingültigen Ergebnissen zu kommen oder die gewonnenen Ergebnisse mit gesamtgesellschaftlichen Fragestellungen zu verknüpfen. Dennoch ließen sich auch kollektive Wahrnehmungsmuster und weitere, vielseitige Auswertungsmöglichkeiten erkennen. Würde z. B. eine andere Fragestellung zur Bearbeitung der Briefe gewählt werden und mehr Zeit für eine Untersuchung zur Verfügung stehen, könnte man u. a. durch das Heranziehen aller relevanten Akten und vorhandenen Unterlagen, die die einzelnen Dorfbewohner Jützbüttels sowie die Ortschaft an sich betreffen, das gesamte Dorfleben in den Jahren 1907 und 1908 rekonstruieren.

Somit ist den Worten des Sozialwissenschaftlers Gottlieb Schnapper-Arndt, der ein Zeitgenosse Antje Wegners war, nichts hinzuzufügen: „Nicht das Leben eines Menschen, das Leben vieler wird erzählt, wenn immer wir uns in die Geschichte eines Einzigen vertiefen“[64].

Anmerkungen

1 Da über 650 Fußnoten – größtenteils mit den Worten „Brief über den ...“ – zwangsläufig ermüdend wirken, wenn man nicht an einer rein wissenschaftlichen Arbeit interessiert ist, habe ich mich entschlossen, alle Fußnoten wegzulassen, die sich nicht auf andere Autoren beziehen. Im Anhang befindet sich dennoch ein detailliertes Quellen- und Literaturverzeichnis aller verwendeten Quellen und Bücher. In der Magisterarbeit finden sich die genauen Quellenangaben zu jeder Zusammenfassung aus den Büchern anderer Autoren, jedem Zitat und jeder „Behauptung“; wer sich also für diese interessiert, der sei auf die oben genannte Arbeit verwiesen.

2 Hierbei müssen sowohl die tiefgreifenden Veränderungen des 19. Jahrhunderts in bezug auf die Alphabetisierung der unteren Gesellschaftsschichten als auch die regionalen Unterschiede bedacht werden; als Ausnahmen vgl. u. a. Budde (Hg.) 1990, Brüggemann 1998.

3 Warneken 1985, S. 11, zu der unterschätzen Verbreitung autobiographischen Schreibens der unteren und mittleren Gesellschaftsschichten, vgl. Warneken 1985, S. 10–26.

4 Schulze 1996, S. 7.

5 Schenda 1970, S. 446.

6 LAS Abt. 309 Nr. 7005.

7 Zur quellenkritischen Bearbeitung der Briefe und für ergänzende Informationen in bezug auf das Leben der Verfasserin und ihr soziales Umfeld werden Akten aus Archiven in Dithmarschen, Schleswig und Berlin herangezogen. Aus dem Privatbesitz der Nachfahren von Antje Wegner stehen außerdem ein Poesiealbum der ältesten Tochter aus dem Jahr 1892 sowie wenige Fotos zur Verfügung, die die Verfasserin und ihre beiden Töchter zeigen. Die zahlreichen Angaben zu Personen, Ereignissen und Zeitungsberichten, die in den Briefen gemacht werden, sind stichpunktartig überprüft worden, so daß an der Echtheit der Quellen kein Zweifel besteht. Um die genannten Personen und Ortsnamen zuordnen zu können, befindet sich auf Seite 85 eine Übersicht über die Familienmitglieder der Verfasserin, die Dorfbewohner in Jützbüttel und die Lage der genannten Ortschaften.

8 Im Gegensatz zu den Briefen finden sich hier viele zusätzliche Eintragungen und Ergänzungen, die Schrift ist wesentlich ungleichmäßiger.

9 Löffler 1992, S. 70.

10 „Landmann“ ist die damals gängige, aber unspezifische Bezeichnung für jemanden, der sich von der Landwirtschaft ernährt; hierbei kann sowohl ein Kleinstellenbesitzer als auch ein Gutsbesitzer gemeint sein; Lorenzen-Schmidt 1996, S. 90.

11 Peter Höhrmann übernimmt den Besitz seines Schwiegervaters im Jahr 1847 und erweiterte die Kätnerstelle u. a. 1865 durch einen Landkauf. Laut der aktuellen Straßenbezeichnung liegt der Hof der Höhrmanns in der Westerstraße 12 in Albersdorf, er war zumindest bis in die 1960er Jahre im Familienbesitz; Harders o. J., S. 74.

12 Zu den im folgenden erwähnten Namen der Dorfbewohner Jützbüttels findet sich eine Übersicht auf Seite 85.

13 Unter dem „Kartenkleben“ versteht die Verfasserin die Entrichtung der Beiträge zur Invalidenversicherung. Invalidenrente erhält nur derjenige, der seiner Versicherungspflicht über einen bestimmten Zeitraum – 200 bis 500 Beitragswochen – nachkommt. Als Nachweis der Beitragszahlung muß wöchentlich eine entsprechende „Marke“, die u. a. beim Briefträger zu kaufen ist, in eine dafür vorgesehene Karte eingeklebt werden. Wird das „Kartenkleben“ unterbrochen oder bis zum Eintritt der Invalidität nicht lang genug durchgeführt, kann im Schadensfall mit keiner finanziellen Hilfe gerechnet werden. Brockhaus 1931, S. 187.

14 Noch heute (1999) erinnern sich zahlreiche Jützbütteler an die alte „Trina“, die als ein bißchen unheimlich und verrückt galt. Dennoch wurde sie oft als Hilfe für die Erntearbeiten geholt und bei Festlichkeiten im Dorf mit Essen versorgt.

15 Auf Nachfrage erklärt Wilhelm Wegner dem Warenhändler, daß dies ein Teekraut ist, das früher die alten Leute gepflückt haben, die nicht genug Geld hatten, um sich Kräuter zu kaufen.

16 Glaser 1984, S. 332–335.

17 Löffler 1992, S. 49.

18 Götz 1989, S. 274, Djupedal 1989, S. 56 u. 60, Speckle 1992, S. 24, Götz/Löffler/Speckle 1993a, S. 174.
19 Jaroschka 1992, S. 70.
20 Jaroschka 1992, S. 70.
21 Schenda 1970, S. 449–455, Schön 1987, S. 56.
22 Schenda 1970, S. 456.
23 Nissen 1995, S. 8–19.
24 Helfritz 1954, S. 73–91; zu der Auffassung, daß nicht Kaiser Wilhelm II., sondern vor allem Bismarck hinter vielen sozialpolitischen Erneuerungen stand, vgl. u. a. Wehler 1973, S. 135–140.
25 Helfritz 1954, S. 89–90. In bezug auf alle genannten Gesetze und Erlasse muß einschränkend betont werden, daß sie erst nach und nach auf alle Berufsgruppen ausgeweitet werden. Die ersten Gesetze beziehen sich ausschließlich auf z. B. den Versicherungsschutz von Bergarbeitern, noch nicht aber auf Landarbeiter.
26 Der Bauerstock ist ein kleiner, eiserner oder hölzerner Gegenstand, meist mit einem oder mehreren Ringen versehen und oft so eingerichtet, daß man Papiere daran befestigen kann. Wenn eine Bauerschaftsversammlung abgehalten werden soll, Kreisblätter allgemein zugänglich gemacht werden müssen oder sonstige Mitteilungen bekanntgemacht werden sollen, werden sie mit Hilfe des Bauerstocks im Ort verteilt. Jeder Dorfbewohner bekommt den Bauerstock von einem Nachbarn und muß ihn baldmöglichst an einen anderen Nachbarn weiterreichen.
27 Zu der noch heute umstrittenen Frage, wann die „Krise" im Kaiserreich begonnen hat, vgl. u. a. Doerry 1986.
28 Kern 1919, S. 45–46.
29 Gurjewitsch 1989, S. 200–205, Kern 1919, S. 61–79.
30 Spätestens wenn die eigene wirtschaftliche Grundlage massiv bedroht ist, ist dies ein ausreichender Grund, sich gegen das Verhalten der Obrigkeit zu wehren; vgl. Göttsch 1991, S. 199–200.
31 Bausinger 1986, S. 141.
32 Vgl. Götz 1989, S. 277–278.
33 Löffler 1992, S. 52–55. In diesem Zusammenhang wird auch von einer „Ventilfunktion" der Briefe gesprochen; vgl. Götz/Löffker/Speckle 1993a, S. 165–183.
34 Stolz 1977, S. 72–75.
35 Ein Immediatsgesuch ist „... eine der oberste(n) staatlichen Instanz ohne Einschaltung von Zwischeninstanzen unmittelbar zukommende Sache ...", ohne daß an diese Mitteilung Forderungen geknüpft sein müssen. Meyers Enzyklopädisches Lexikon 1972, Bd. 12, S. 478; eine Bittschrift bzw. Petition hingegen ist direkt auf „... Abhilfe von Mißständen gerichtet oder Anregung zu bestimmten behördlichen oder gesetzgeberischen Maßnahmen ...". Meyers Enzyklopädisches Lexikon 1972, Bd. 18, S. 476.
36 Es ist nicht zu ermitteln, wann die ersten Briefe in Berlin registriert wurden. Es kann jedoch davon ausgegangen werden, daß etliche Schriften in Berlin eingegangen sind, bevor eine Ermittlung in Gang gesetzt wird, da die Briefe keinerlei Forderungen enthalten und demnach lediglich „zu den Akten" gelegt werden müssen.
37 Es wird wiederum der gleiche Dienstweg eingehalten: Nachdem der Landrat die Unterlagen von dem Amtsvorsteher bekommen hat, schickt er sie sofort zu dem Regierungspräsidenten nach Schleswig, der sie schließlich nach Berlin sendet.
38 Der letzte Brief, der aus Berlin nach Schleswig geschickt wird, ist datiert mit dem 8. 12. 10. Die in Schleswig nur durch Zufall erhaltene Akte, die die Briefe Antje Wegners enthält, endet mit dem Abschluß des Jahres 1910, eine zeitlich anschließende Akte existiert nicht mehr. Die zwei Briefe, die im Jahr 1910 aus Berlin nach Schleswig geschickt werden, enthalten erstmals eine einheitliche Aktennummer, die darauf schließen läßt, daß für die Schriften der Antje Wegner inzwischen eine eigene Akte angelegt wurde. Leider ist auch diese im Geheimen Staatsarchiv in Berlin nicht auffindbar.
39 Größtenteils sind komplette (also aus zwei jeweils beidseitig beschriebenen doppelseitigen Papierbögen) Briefe vorhanden, von einigen Briefen, ist jedoch nur der erste dieser Papierbögen, also die ersten vier Seiten, oder aber der zweite Papierbogen erhalten.
40 Alle fünf kompletten Kopien schließen nahtlos aneinander an und berichten von „normalen" Tagen. Es ist also nicht anzunehmen, daß nur von „besonderen" Zeitspannen Kopien angefertigt werden.

41 Die Darstellung eines heftigen Streits zwischen der Verfasserin und ihrem Mann ist aufgrund der vielen Einfügungen und der relativ unleserlichen Schrift kaum zu entziffern.
42 Vgl. Götz 1989, S. 276.
43 Alle Briefe, die in Berlin angekommen sind, sind erst wenige Tage vorher in Jützbüttel datiert worden.
44 Besonders deutlich wird dies bei den Briefen, die mit dem 28. 7. 08 und dem 2. 3. 09 datiert sind: Während das Datum des Briefe um 7 Monate abweicht, schließen die Berichtszeiträume unmittelbar aneinander an.
45 In 24 der insgesamt 521 Tagesberichte sind ein oder zwei Sätze in Niederdeutsch geschrieben, das entspricht ca. 4,5 Prozent aller Tagesberichte.
46 Bei Grosse u. a. (Hg.) 1989, S. 94, wird dies als Merkmal angesehen, wie fremd und ungewohnt das Verfassen solcher Briefe in Hochdeutsch für die „kleinen Leute" gewesen sein muß.
47 Vgl. Jahoda/Lazarsfeld/Zeisel 1980. In dieser Studie über die Arbeitslosen des Ortes Marienthal am Anfang der 1930er Jahre gehen die Autoren durch Fragebögen und Interviews u. a. der Frage nach, wie die viele Zeit verbracht wird, die den Arbeitslosen nach Verlust ihrer Arbeit plötzlich zur Verfügung steht. Ein Ergebnis ist das „Verstreichenlassen" der Zeit, das nur durch einige, tägliche Fixpunkte unterbrochen wird; vgl. insbesondere S. 83–92.
48 Vgl. Borscheid 1983, S. 7–8.
49 Vgl. Borscheid 1983, S. 9.
50 Der „Heider Anzeiger" erscheint bis auf montags täglich.
51 Antje Wegner erwähnt den „Heider Anzeiger" konkret am 19. 1. 08, zudem wurden etliche Exemplare der Zeitung in der verlassenen Kate der Wegners gefunden. In zahlreichen Briefen aus den Jahre 1905 bis 1912 spricht sie über Artikel, Annoncen oder Berichte der Zeitung, die bei einer Überprüfung der entsprechenden Ausgaben gefunden wurden. Da die Verfasserin zudem regelmäßig „Zeitungsgeld" bezahlt, kann davon ausgegangen werden, daß sie den „Heider Anzeiger" abonniert hat.
52 Vgl. Heller 1978, S. 280–281.
53 Vgl. Borscheid 1983, S. 7–12.
54 Vgl. Löffler 1992, S. 54.
55 Vgl. Djupedal 1989, S. 59.
56 Oldekop 1908, S. 48–49.
57 Antje Wegner schätzt den Verkaufspreis schließlich auf 80 000 bis 100 000 Mark; tatsächlich liegt er bei 32 700 Mark.
58 Die Bezeichnungen „groß", „mittelgroß" oder „klein" beziehen sich hierbei auf einen Vergleich der Jützbütteler Hofstellen.
59 Aus den Akten geht hervor, daß Wilhelmine Thießen, geboren 1871, mindestens seit 1893/94 Rentnerin ist; vermutlich wird sie aus steuerlichen Gründen als solche geführt.
60 Asmus 1998, S. 321.
61 Vgl. Ulbricht 1997, S. 19.
62 Vgl. u. a. das Literaturverzeichnis in Hansen 1993, S. 224–263.
63 Vgl. Ulbricht 1997, S. 26, Medick 1989, S. 72.
64 Zeitlin 1906, S. 14.

Quellen- und Literaturverzeichnis

Quellenverzeichnis

Aus dem Privatbesitz von Nachkommen und (ehemaligen) Nachbarn Antje Wegners liegen folgende Quellen vor:
33 Briefe bzw. Briefteile, die in der Kate der Wegners gefunden wurden
Auszug aus den Unterlagen des Standesamtes Albersdorf
Das Dienstbotenbuch von Antje Thießen, Jützbüttel, 1888–1910
Kaufvertrag zwischen Claus Klehn und Hans Thießen, Jützbüttel, Januar 1908
Albersdorfer Schulchronik
Aufzeichnungen aus der Hauptschule Albersdorf
Albersdorf-Wennbüttler Schullade
Vier Konfirmandenbücher aus Albersdorf und Jützbüttel, 1833–1869
Bauerschaftsakten der Ortschaft Jützbüttel

Die verwendeten archivalischen Quellen sind in den Fußnoten der Magisterarbeit vollständig nachgewiesen. Sie stammen aus den folgenden Archiven und Archivabteilungen:
Geheimes Staatsarchiv Preußischer Kulturbesitz:
I. HA Rep 89 Geheimes Zivilkabinett
Landesarchiv Schleswig (LAS):
LAS Abt. 102 Kirchspiel Albersdorf
LAS Abt. 102.3 Schuld- und Pfandprotokolle 1828–1888
LAS Abt. 309 Verschiedene Immediatsgesuche – Buchstabe W
Kirchenarchiv Albersdorf:
Familienbuch des Pastors Hans Schacht, 1880–1906
Schulprotocolle der Schule zu Albersdorf, 1861–1870
Katasteramt Meldorf:
Mutterrolle des Gemeindebezirks Albersdorf, 5. Band, Jützbüttel, 1876–1946

Literaturverzeichnis

Acham, Karl/Winfried Schulze (Hg.) (1990). Teil und Ganzes (= Theorie der Geschichte. Beiträge zur Historik, Bd. 6), München.

Allport, Gordon W. (Hg.) (1942). The Use of Personal Documents in Psychological Science. Prepared for the Committee on Appraisal of Research, New York.

Asmus, Walter (1998). Nähe, Ferne und Geschwindigkeit. Wandlungen des Zeit-Raum-Empfindens im 19. Jahrhundert an Beispielen aus Schleswig-Holstein, in: Martin Rheinheimer (Hg.), Subjektive Welten. Wahrnehmung und Identität in der Neuzeit (= Studien zur Wirtschafts- und Sozialgeschichte Schleswig-Holsteins, Bd. 30), Neumünster, S. 321–354.

Bausinger, Hermann (1986). Volkskultur in der technischen Welt, Frankfurt a. M./New York.

Beck, Friedrich/Eckart Henning (Hg.) (1994). Die archivalischen Quellen. Eine Einführung in ihre Benutzung, Weimar.

Berger, Peter L./Thomas Luckmann (1977). Die gesellschaftliche Konstruktion der Wirklichkeit. Eine Theorie der Wissenssoziologie, 5. Aufl., Frankfurt a. M.

Berliner Geschichtswerkstatt (Hg.) (1994). Alltagskultur, Subjektivität und Geschichte. Zur Theorie und Praxis von Alltagsgeschichte, Münster.

Borscheid, Peter (1983). Plädoyer für eine Geschichte des Alltäglichen, in: Peter Borscheid/Hans J. Teuteberg (Hg.), Ehe, Liebe, Tod. Studien zur Geschichte des Alltags, Münster, S. 1–14.

v. Brandt, Ahasver (1998). Werkzeug des Historikers. Eine Einführung in die Historischen Hilfswissenschaften, 15. Aufl., Stuttgart/Berlin/Köln.

Brednich, Rolf W. (1982). Zum Stellenwert erzählter Lebensgeschichten in komplexen volkskundlichen Feldprojekten, in: Rolf W. Brednich u. a. (Hg.), Lebenslauf und Lebenszusammenhang. Autobiographische Materialien in der volkskundlichen Forschung. Vorträge der Arbeitstagung der Deutschen Gesellschaft für Volkskunde in Freiburg i. Br. vom 16. bis 18. März 1981, Freiburg, S. 46–70.
Brückner, Wolfgang (1984). Popular Culture. Konstrukt, Interpretament, Realität. Anfragen zur historischen Methodologie und Theorienbildung aus der Sicht der mitteleuropäischen Forschung, in: Ethnologia Europaea, S. 14–24.
Brüggemann, Julia (1998). „Ich werde alles aufrichtig und wahr schreiben, da wird sich aber die Welt wundern“. Selbst- und Fremdwahrnehmung einer Prostituierten in Hamburg 1908/09, in: Martin Rheinheimer (Hg.), Subjektive Welten. Wahrnehmung und Identität in der Neuzeit (= Studien zur Wirtschafts- und Sozialgeschichte Schleswig-Holsteins, Bd. 30), Neumünster, S. 293–305.
Brüggemeier, Franz-Josef/Jürgen Kocka (Hg.) (1985). Geschichte von unten – Geschichte von innen. Kontroversen um die Alltagsgeschichte, Hagen.
Buchholz, Magdalena (1983). Die Anfänge der deutschen Tagebuchschreibung. Beiträge zu ihrer Geschichte und Charakteristik, Münster.
Budde, Gunilla-Friederike (Hg.) (1990). In Träumen war ich immer wach. Das Leben des Dienstmädchens Sophia von ihr selbst erzählt, Bonn.
Bürgel, Peter (1979). Brief, in: Werner Faulstich (Hg.), Kritische Stichwörter zur Medienwissenschaft, München, S. 26–47.
Burke, Peter (1984). Popular Culture between History and Ethnologie, in: Ethnologia Europaea, S. 5–13.
Chvojka, Erhard/Richard van Dülmen/Vera Jung (Hg.) (1997). Neue Blicke. Historische Antropologie in der Praxis, Wien/Köln/Weimar.
Daniel, Ute (1994). Quo vadis, Sozialgeschichte? Kleines Plädoyer für eine hermeneutische Wende, in: Winfried Schulze (Hg.), Sozialgeschichte, Alltagsgeschichte, Mikro-Historie. Eine Diskussion, Göttingen, S. 54–64.
Daniel, Ute (1997). Clio unter Kulturschock. Zu den aktuellen Debatten der Geschichtswissenschaft, in: Geschichte in Wissenschaft und Unterricht, Nr. 48, S. 195–219, S. 259–278.
Davis, Natalie Zemon (1989). Die wahrhaftige Geschichte von der Wiederkehr des Martin Guerre, München.
Der große Brockhaus (1931). Handbuch des Wissens in zwanzig Bänden, Bd. 9, Leipzig, S. 186–189.
Diedrich, Sönke (1978). Die Stimmung in Dithmarschen während der Einverleibung Schleswig-Holsteins in Preußen, in: Dithmarschen, N.F., S. 25–52.
Djupedal, Knut (1989). Personal letters as research sources, in: Ethnologia Scandinavica, S. 51–63.
Doerry, Martin (1986). Übergangsmenschen. Die Mentalität der Wilhelminer und die Krise des Kaiserreichs, München.
v. Dülmen, Richard (1991). Historische Anthropologie, in: Geschichte in Wissenschaft und Unterricht, Nr. 41, S. 692–709.
Ehalt, Hubert Ch. (Hg.) (1984). Geschichte von unten. Fragestellungen, Methoden und Projekte einer Geschichte des Alltags, Wien/Köln/Graz.
Ermert, Karl (1979). Briefsorten. Untersuchungen zu Theorie und Empirie der Textklassifikation (= Reihe Germanistische Linguistik, Bd. 20), Tübingen.
Evers, Ernst (1906). Unser Kaiserpaar. Das Lebensbild Seiner Majestät des Kaisers Wilhelm II. und seiner Gemahlin Auguste Victoria. Dem Deutschen Volk und der Deutschen Jugend dargestellt, Plön.
Fuchs, Werner (1984). Biographische Forschung. Eine Einführung in Praxis und Methoden, Opladen.
Geertz, Clifford (1983). Dichte Beschreibung. Beiträge zum Verstehen kultureller Systeme, Frankfurt a. M.
Ginzburg, Carlo (1979). Der Käse und die Würmer. Die Welt eines Müllers um 1600, Frankfurt a. M.
Ginzburg, Carlo (1983). Geschichte und Geschichten. Über Archive, Marlene Dietrich und die Lust an der Geschichte, in: Carlo Ginzburg, Spurensicherungen. Über verborgene Geschichte, Kunst und soziales Gedächtnis, Berlin, S. 7–24.
Ginzburg, Carlo/Carlo Poni (1985). Was ist Mikrogeschichte? in: Geschichtswerkstatt, Nr. 6 (= Schwierigkeiten beim Entdecken der Heimat), Göttingen, S. 48–52.
Ginzburg, Carlo (1993). Mikro-Historie. Zwei oder drei Dinge, die ich von ihr weiß, in: Historische Anthropologie, Bd. 1, S. 169–192.
Glaser, Hermann (1984). Die Kultur der wilhelminischen Zeit. Topographie einer Epoche, Frankfurt a. M.
Göttsch, Silke (1978). Beiträge zum Gesindewesen in Schleswig-Holstein zwischen 1740 und 1840, Neumünster.

Göttsch, Silke (1991). „Alle für einen Mann …“ Leibeigene und Widerständigkeit in Schleswig-Holstein im 18. Jahrhundert, Neumünster.
Götz, Irene (1989). „Vergiß nicht … sei fleißig. Du weißt … werde ein Mann!“ Zur Instrumentalisierung von Erinnerungen in der brieflichen Alltagskommunikation, in: Brigitte Bönisch-Brednich/Rolf W. Brednich/Helge Gerndt (Hg.), Erinnern und Vergessen, Vorträge des 27. Deutschen Volkskunde-Kongresses, Göttingen, S. 271–284.
Götz, Irene/Klara Löffler/Birgit Speckle (1993a). Briefe als Medium der Alltagskommunikation – Eine Skizze zu ihrer Kontextorientierten Auswertung, in: Schweizerisches Archiv für Volkskunde, S. 165–183.
Götz, Irene/Klara Löffler/Birgit Speckle (1993b). Die veröffentlichte Intimität des Privatbriefes. Veröffentlichungen am Rande eines Forschungsfelds, in: Kuckuck. Notizen zur Alltagskultur und Volkskunde, S. 20–27.
Grosse, Siegfried u. a. (Hg.) (1989). „Denn das Schreiben gehört nicht zu meiner täglichen Beschäftigung“. Der Alltag kleiner Leute in Bittschriften, Briefen und Berichten aus dem 19. Jahrhundert. Ein Lesebuch, Bonn.
Gurjewitsch, Aaron (1989). Das Weltbild des mittelalterlichen Menschen, 4. Aufl., München.
Haffner, Sebastian (1987). Von Bismarck zu Hitler. Ein Rückblick, München.
Hansen, Nils (1993). Meldorf 1900. Zum Alltags- und Mentalitätswandel in einer westholsteinischen Kleinstadt unter dem Einfluß der Industrialisierung (1869–1914) (= Studien zur Volkskunde und Kulturgeschichte Schleswig-Holsteins, Bd. 29), Neumünster.
Hansen, Nils (1999). Aufbruch in eine neue Zeit. Dithmarschen 1864–1918, in: Kreis Dithmarschen (Hg.), Geschichte Dithmarschens, im Druck.
Harders, Magdalena (o. J.). Chronik von Albersdorf. Die Bauern und Käthner des Dorfes seit 1560, Landesarchiv Schleswig Abt. 400.1 Nr. 710.
Heider Anzeiger. Jahrgänge 1880–1908.
Helbich, Wolfgang/Walter D. Kamphoefner/Ulrike Sommer (Hg.) (1988). Briefe aus Amerika. Deutsche Auswanderer schreiben aus der Neuen Welt. 1830–1930, München.
Helfritz, Hans (1954). Wilhelm II. als Kaiser und König. Eine historische Studie, Zürich.
Heller, Agnes (1978). Das Alltagsleben. Versuch einer Erklärung der individuellen Reproduktion, Frankfurt a. M.
Henning, Eckart (1994). Selbstzeugnisse, in: Friedrich Beck/Eckart Henning (Hg.), Archivalische Quellen. Eine Einführung in ihre Benutzung, Weimar, S. 107–114.
Hillard, Gustav (1969). Vom Wandel und Verfall des Briefes, in: Merkur, Nr. 23, S. 342–351.
Hochstrasser, Olivia (1993). Ein Haus und seine Menschen 1549–1989. Ein Versuch zum Verhältnis von Mikroforschung und Sozialgeschichte (= Untersuchungen des Ludwig-Uhland-Instituts Tübingen, Bd. 80), Tübingen.
Hopf-Droste, Marie-Luise (1981). Das bäuerliche Tagebuch. Fest und Alltag auf einem Artländer Bauernhof 1873–1919 (= Materialien zur Volkskultur nordwestliches Niedersachsen, H. 3), Cloppenburg.
Jahoda, Marie/Paul F. Lazarsfeld/Hans Zeisel (1980). Die Arbeitslosen von Marienthal. Ein soziographischer Versuch über die Wirkungen langandauernder Arbeitslosigkeit. Mit einem Anhang zur Geschichte der Soziographie, 3. Aufl., Frankfurt a. M.
Jappe, Georg (1969). Vom Briefwechsel zum Schriftwechsel, in: Merkur, S. 351–362.
Jaroschka, Gabriele (1992). Lernziel: Untertan. Ideologische Denkmuster in Lesebüchern des Deutschen Kaiserreichs (= Münchner Beiträge zur Volkskunde, Bd. 13), München.
Kaschuba, Wolfgang (1986). Mythos oder Eigen-Sinn. „Volkskultur“ zwischen Volkskunde und Sozialgeschichte, in: Utz Jeggle u. a. (Hg.), Volkskultur in der Moderne. Probleme und Perspektiven empirischer Kulturforschung, Reinbek bei Hamburg, S. 469–507.
Kern, Fritz (1919). Recht und Verfassung im Mittelalter, in: Historische Zeitschrift 120, S. 1–79.
Köstlin, Konrad (1973). „Relikte“. Die Gleichzeitigkeit des Ungleichzeitigen, in: Kieler Blätter zur Volkskunde, S. 135–157.
Köstlin, Konrad (1990). Die „Historische Methode“ der Volkskunde und der „Prozeß der Zivilisation“ des Norbert Elias, in: Dieter Harmening/Erich Wimmer (Hg.), Volkskultur – Geschichte – Region. Festschrift für Wolfgang Brückner zum 60. Geburtstag (= Quellen und Forschungen einer europäischen Ethnologie, Bd. VII). Würzburg, S. 58–76.
Kramer, Karl-S. (1978). Zur Erforschung der historischen Volkskultur. Prinzipielles und Methodisches (= Ethnologia Bavarica, H. 7), Würzburg/München.
Kreisblätter Süderdithmarschen. Jahrgänge 1883–1902.

Lehmann, Albrecht (1978). Erzählen eigener Erlebnisse im Alltag. Tatbestände, Situationen, Funktionen, in: Zeitschrift für Volkskunde, Nr. 74, S. 198–215.
Lehmann, Albrecht (1983). Erzählstruktur und Lebenslauf. Autobiographische Untersuchungen, Frankfurt a. M.
Lipp, Carola (1993). Alltagskulturforschung im Grenzbereich von Volkskunde, Soziologie und Geschichte, in: Zeitschrift für Volkskunde, Nr. 89, S. 1–33.
Löffler, Klara (1992). Aufgehoben. Soldatenbriefe aus dem Zweiten Weltkrieg. Eine Studie zur subjektiven Wirklichkeit des Krieges, Bamberg.
Lorenzen-Schmidt, Klaus-Joachim (1996). Lexikon historischer Berufe in Schleswig-Holstein und Hamburg (= Kleine Schriften des Arbeitskreises für Wirtschafts- und Sozialgeschichte Schleswig-Holsteins, Bd. 2), Kiel.
Lüdtke, Alf (Hg.) (1989). Alltagsgeschichte. Zur Rekonstruktion historischen Erfahrungen und Lebensweisen, Frankfurt/New York.
Medick, Hans (1989). „Missionare im Ruderboot?" Ethnologische Erkenntnisweisen als Herausforderung an die Sozialgeschichte, in: Alf Lüdtke (Hg.), Alltagsgeschichte. Zur Rekonstruktion historischer Erfahrungen und Lebensweisen, Frankfurt/New York, S. 48–84.
Medick, Hans (1992). Entlegene Geschichte? Sozialgeschichte und Mikro-Historie im Blickfeld der Kulturanthropologie, in: Joachim Matthes (Hg.), Zwischen den Kulturen (= Soziale Welt, Sonderband 8), Göttingen.
Medick, Hans (Hg.) (1994a). Mikro-Historie. Neue Pfade in der Sozialgeschichte, Frankfurt.
Medick, Hans (1994b). Mikro-Historie, in: Winfried Schulze (Hg.), Sozialgeschichte, Alltagsgeschichte, Mikro-Historie. Eine Diskussion, Göttingen, S. 40–53.
Melchior, Anke (1992). Mädchen- und Frauentagebücher seit dem Mittelalter. Eine Bibliographie von veröffentlichten Tagebüchern in deutscher Sprache, in: BIOS. Zeitschrift für Biographieforschung und Oral History, S. 271–314.
Meyers Enzyklopädisches Lexikon (1972). Bde. 12 und 18, Mannheim/Wien/Zürich, S. 478 und 476.
Mitzmann, Arthur (1993). Historische Identität und Identität des Historikers, in: Hedwig Röckelein (Hg.), Biographie als Geschichte, Tübingen, S. 89–116.
Mohrmann, Ruth (1991). Zwischen den Zeilen und gegen den Strich. Alltagskultur im Spiegel archivalischer Quellen, in: Der Archivar, S. 234–246.
Mohrmann, Wolf-Dieter (1984). Der Krieg ist hier hart und grausam! Feldpostbriefe an den Osnabrücker Regierungspräsidenten 1941–1944, Osnabrück.
Nissen, Nis R. (1995). 125 Jahre Druck- und Verlagshaus der Dithmarscher Landeszeitung, in: Dithmarscher Landeszeitung, 125 Jahre Druck- und Verlagshaus. Sonderausgabe, S. 8–16.
Oldekopp, Henning (1908). Topographie des Herzogtums Holstein einschließlich Kreis Herzogtum Lauenburg, Fürstentum Lübeck, Enklave der freien und Hansestadt Lübeck, Enklaven der freien und Hansestadt Hamburg, 2 Bde., Kiel.
Ottenjann, Helmut/Günter Wiegelmann (Hg.) (1982). Alte Tagebücher und Anschreibenbücher. Quellen zum Alltag der ländlichen Bevölkerung in Nordwesteuropa, Münster.
Peltonen, Matti (1995). Carlo Ginzburg and the new microhistory, in: Suomen anthropologie, S. 38–52.
Peters, Jan (1991). Alltagsgeschichte im Aufbruch?, in: Österreichische Zeitschrift für Geschichtswissenschaft, H. 2, S. 114–120.
Plummer, Ken (1983). Documents of Life. An Introduction to the Problems and Literature of a Humanistic Method, London.
Raulff, Ulrich (Hg.) (1987). Mentalitäten – Geschichte zur historischen Rekonstruktion geistiger Prozesse, Berlin.
Rehbein, Franz (1985). Das Leben eines Landarbeiters, Hamburg (Nachdruck der Ausgabe Leipzig 1911).
Reinhold, Gerd (Hg.) (1997). Soziologie-Lexikon, 3. Aufl., München.
Rheinheimer, Martin (Hg.) (1998). Subjektive Welten. Wahrnehmung und Identität in der Neuzeit (= Studien zur Wirtschafts- und Sozialgeschichte Schleswig-Holsteins, Bd. 30), Neumünster.
Rheinheimer, Martin (Hg.) (1998). Professor Kortholt und der besessene Knabe oder: Der Historiker, das historische Subjekt und die Fallen der Subjektivität, in: Martin Rheinheimer (Hg.), Subjektive Welten. Wahrnehmung und Identität in der Neuzeit (= Studien zur Wirtschafts- und Sozialgeschichte Schleswig-Holsteins, Bd. 30), Neumünster, S. 11–50.
Rüsen, Jörn (1988). Historische Methode, in: Christian Meier/Jörn Rüsen (Hg.), Historische Methode (= Theorie der Geschichte. Beiträge zur Historik, Bd. 59), München, S. 62–80.

Schacht, Hans (1908). Geschichte des Kirchspiels Albersdorf bis zum Jahre 1906, Schleswig.
Schenda, Rudolf (1970). Volk ohne Buch. Studien zur Sozialgeschichte der populären Lesestoffe 1770–1910, Frankfurt a. M.
Schenda, Rudolf (1976). Die Lesestoffe der kleinen Leute. Studien zur populären Literatur im 19. und 20. Jahrhundert, München.
Schikorsky, Isa (1990). Private Schriftlichkeit im 19. Jahrhundert. Untersuchungen zur Geschichte des alltäglichen Sprachverhaltens „kleiner Leute“ (= Reihe Germanistische Linguistik, Bd. 107), Tübingen.
Schindler, Norbert (1987). Spuren in die Geschichte der „anderen“ Zivilisation. Probleme und Perspektiven einer historischen Volkskulturforschung, in: Richard van Dülmen/Nobert Schindler (Hg.), Volkskultur. Zur Wiederentdeckung des vergessenen Alltags (16.–20. Jahrhundert), Frankfurt a.M., S. 13–77.
Schmid, Irmtraut (1994). Briefe, in: Friedrich Beck/Eckart Henning (Hg.), Archivalische Quellen. Eine Einführung in ihre Benutzung, Weimar, S. 99–106.
Schober, Manfred (1987). Briefe von Handwerkern, Gesellen und Arbeitern aus dem 19. und frühen 20. Jahrhundert, in: Jahrbuch für Volkskunde und Kulturgeschichte, Nr. 30, S.143–177.
Schön, Erich (1987). Der Verlust der Sinnlichkeit oder Die Verwandlungen des Lesers. Mentalitätswandel um 1800, Stuttgart.
v. Schröder, Johannes /Hermann Biernatzki (1855). Topographie der Herzogthümer Holstein und Lauenburg, des Fürstenthums Lübeck und des Gebiets der freien und Hanse-Städte Hamburg und Lübeck, Bd. 1, Oldenburg.
Schröer, Norbert (1997). Wissenssoziologische Hermeneutik, in: Ronald Hitzler/Anne Honer (Hg.), Sozialwissenschaftliche Hermeneutik, Opladen, S. 109–132.
Schrum, Karsten (1988). Zur Entwicklung der landwirtschaftlichen Unfallversicherung, in: Nis R. Nissen (Hg.), Menschen, Monarchen, Maschine. Landarbeiter in Dithmarschen, Heide, S. 117–123.
Schulze, Winfried (1988). Mikrohistorie versus Makrohistorie? Anmerkungen zu einem aktuellen Thema, in: Christian Meier/Jörn Rüsen (Hg.), Historische Methode (= Theorie der Geschichte. Beiträge zur Historik, Bd. 5), München, S. 319–341.
Schulze, Winfried (Hg.) (1994). Sozialgeschichte, Alltagsgeschichte, Mikro-Historie. Eine Diskussion, Göttingen.
Schulze, Winfried (Hg.) (1996). Ego-Dokumente. Annäherung an den Menschen in der Geschichte (= Selbstzeugnisse der Neuzeit), Berlin.
Soeffner, Hans-Georg (1989). Auslegung des Alltags – Der Alltag der Auslegung. Zur wissenssoziologischen Konzeption einer sozialwissenschaftlichen Hermeneutik, Frankfurt a. M.
Speckle, Birgit (1992). „… Es ist ja die einzige Möglichkeit zu Plaudern durch die Zeilen …“ Kontextorientierte Untersuchungen der Kommunikation in einer Sammlung von Feldpostbriefen aus dem Zweiten Weltkrieg, Magisterarbeit, München.
Steinhausen, Georg (1899). Geschichte des deutschen Briefes. Zur Kulturgeschichte des deutschen Volkes, 2 Bde., Berlin.
Stolz, Gerd (1977). Von Gendarmen, Schupos und Schutzleuten – Zur Geschichte der Polizei in Dithmarschen, in: Dithmarschen, N.F., S. 69–75.
Thomas, William I./Florian Znaniecki (1958). The Polish Peasant in Europe and America. Volume 1 and 2, New York (Neuauflage nach der 2. Auflage von 1928, Erstveröffentlichung 1918–1922).
Ulbricht, Otto (1993). Mikrogeschichte: Versuch einer Vorstellung, in: Rundbrief des Arbeitskreises für Wirtschafts- und Sozialgeschichte, Nr. 58, S. 16–33.
Ulbricht, Otto (1997). Aus Marionetten werden Menschen. Die Rückkehr der unbekannten historischen Individuen in die Geschichte der frühen Neuzeit, in: Erhard Chvojka/Richard van Dülmen/Vera Jung (Hg.), Neue Blicke. Historische Anthropologie in der Praxis, Wien/Köln/Weimar, S. 13–32.
Voges, Wolfgang (Hg.) (1987). Methoden der Biographie- und Lebenslaufforschung, Opladen.
Warneken, Bernd Jürgen (1985). Populare Autobiographik. Empirische Studien zu einer Quellengattung der Alltagsgeschichtsforschung, Tübingen.
Wehler, Hans-Ulrich (1973). Das deutsche Kaiserreich 1871–1918, Göttingen.
Zeitlin, Leon (Hg.) (1906). Dr. Gottlieb Schnapper-Arndt. Vorträge und Aufsätze, Tübingen.